Kolja Alexander Bonke
Erfolg bei Frauen

Für Jess, Izzie, meine Mutter
und all die anderen großartigen Frauen.

Kolja Alexander Bonke

Erfolg bei Frauen

Wie Sie Ihre sexuelle Anziehungskraft
erhöhen, gekonnt verführen
und regelmäßig Sex haben

Bibliografische Information der Deutschen Nationalbibliothek
Die Deutsche Nationalbibliothek verzeichnet diese Publikation in der Deutschen
Nationalbibliografie; detaillierte bibliografische Daten sind im Internet über http://dnb.
ddb.de abrufbar.

ISBN 978-3-86910-484-3 (Print)
ISBN 978-3-86910-587-1 (PDF)
ISBN 978-3-86910-582-6 (EPUB)

Der Autor: Kolja Alexander Bonke ist Dating-Coach und Mitglied einer internationalen
Gemeinschaft von Verführungskünstlern. Seine Coachings und Seminare haben zahl-
reichen Männern einen Zugang zum Mysterium Frau ermöglicht, von dem sie vorher nicht
zu träumen gewagt haben.

Originalausgabe

© 2011 humboldt
Eine Marke der Schlüterschen Verlagsgesellschaft mbH & Co. KG,
Hans-Böckler-Allee 7, 30173 Hannover
www.schluetersche.de
www.humboldt.de

Lektorat:	Nathalie Röseler, Dateiwerk GmbH, Pliening
Covergestaltung:	DSP Zeitgeist GmbH, Ettlingen
Innengestaltung:	akuSatz Andrea Kunkel, Stuttgart
Illustrationen:	Michael Fröhlich, Hannover
Titelfoto:	Shutterstock / New Line
Satz:	PER Medien+Marketing GmbH, Braunschweig
Druck:	Grafisches Centrum Cuno GmbH & Co. KG, Calbe

Hergestellt in Deutschland.
Gedruckt auf Papier aus nachhaltiger Forstwirtschaft.

Inhalt

Vorwort

„Erfolg bei Frauen" wird Zigtausend Mal pro Monat in Suchmaschinen im Internet eingetippt. Singles, aber auch vergebene Männer suchen nach funktionierenden Tipps und Tricks, um ihr Liebesleben zu verbessern. Wie spricht man Frauen an? Wie wird man erfolgreich beim anderen Geschlecht? Und warum haben manche Männer ständig attraktive Freundinnen, während andere leer ausgehen?

Einige suchen sehr gründlich und stoßen irgendwann auf eine geheimnisvolle Internetgemeinde, die sich intensiv mit solchen Fragen beschäftigt …

Ja, ich war Teil davon. Es muss 2005 gewesen sein, als es in Deutschland wirklich anfing. Ich wäre wohl nie von selbst auf dieses damals noch sehr überschaubare Häuflein Männer gestoßen – ein guter Freund hatte mich darauf gebracht. Zu meiner Überraschung war er damals bereits ein angesehenes Mitglied dieser Gemeinschaft.

Offen gesagt, mein Interesse an dieser Sache hielt sich anfangs in Grenzen. Probleme mit Frauen hatte ich nicht und wie so oft in meinem Leben führte ich damals eine feste Beziehung. Zudem wirkte diese Szene auf mich wie eine krude Mischung aus Sekte, Selbsthilfegruppe und Stammtischtreffen, bei dem schmutzige Geschichten erzählt werden. Na ja, jedenfalls auf den ersten Blick.

Trotzdem wurde ich weiter mit frisch aus Amerika eingetroffenem Informationsmaterial zum Thema versorgt. Und die Lektüre verfehlte ihre Wirkung nicht. Einige Bücher später war ich bereits so tief im Thema drin, dass schon damals der Gedanke entstand, ein eigenes Buch zu schreiben …

Vorerst begnügte ich mich allerdings mit Beiträgen in Internetforen unter verschiedenen Pseudonymen. Daraufhin häuften sich die Anfragen und ich begann, Männer zu coachen. Viele ließen sich von mir per E-Mail beraten, einige betreute ich später auch persönlich. Sogar Frauen nahmen meine Beratung schon in Anspruch.

Wie es aussieht, scheint sich mit diesem Buch nun der Kreis zu schließen. Es soll die wichtigsten Erkenntnisse aus meiner Zeit als Dating Coach zusammenfassen. Dieser Ratgeber kann Ihnen helfen, sich so zu entwickeln, wie Sie es vielleicht nie für möglich gehalten hätten. Dabei steht die Tür zur erfolgreichen Verführung für Sie womöglich schon weit offen.

„Ich kann dir nur die Tür zeigen.
Hindurchgehen musst du alleine."
Morpheus zu Neo, „Matrix", 1999

Seien wir realistisch: Nach der Lektüre dieses Buches werden Sie nicht sofort mit Supermodels ausgehen, wenn Sie nicht schon zuvor entsprechende Bekanntschaften hatten. Sie werden auch nicht plötzlich reihenweise Mädels aus Clubs abschleppen, wenn sie zuvor noch nie in einer Disco waren.

Nach der Lektüre dieses Buches werden Sie allerdings wissen, warum das so ist. Und wie Frauen sonst noch so ticken und was zu tun ist, um mehr Erfolg bei ihnen zu haben. Vielleicht werden Sie zukünftig in Gesellschaft attraktiver Frauen immer traumwandlerisch sicher wissen, was Sie sagen sollen. Oder Sie erkennen, wie man es schafft, als Single regelmäßig Sex zu haben. Unter Umständen fällt es Ihnen auch wie Schuppen von den Augen, wie in Ihrer langjährigen Beziehung mit Ihrer Freundin endlich wieder Funken sprühen können. Und möglicherweise lernen Sie durch dieses Buch auch, wie Sie endlich die Frau verführen, von der sie immer geträumt haben. Womöglich hilft es Ihnen sogar, in Zukunft öfter verführt zu werden, statt immer selbst verführen zu müssen. Fast alles ist möglich!

Kann sein, dass Sie sich dieses Buch mit Blick auf eine bestimmte Frau gekauft haben. Ob es sich dabei um eine Frau dreht, die Sie vor zwei Wochen kennengelernt haben oder um jemanden, mit dem Sie bereits seit Jahren zusammen sind, ist völlig unerheblich – Sie haben in beiden Fällen das richtige Buch gekauft. Schließlich erklärt es Gesetzmäßigkeiten der Verführung, die immer gelten. Und eine Beziehung ist nichts anderes als eine Aneinanderreihung von Verführungen. Nicht mehr, aber auch nicht weniger.

Verführung bedeutet, jemanden gewaltlos zur Hingabe zu bewegen. Ein komplexer, dynamischer Vorgang mit Hunderten von Variablen. So komplex und so dynamisch, dass man von einer Matrix der Verführung sprechen könnte. Eine Matrix, eine Formel, die Sie nach der Lektüre dieses Buches durchschauen werden. Dabei helfen wird Ihnen ein Modell, das das Verführen ganz einfach macht.

Auf diesem Modell beruht dieses Buch. Es hat nur zwei wichtige Größen: Wert und Anziehung. Die Matrix der Verführung wird von diesen beiden Größen bestimmt. Mit ihnen lässt sich jede Verführungsform beschreiben und erklären. Erfolgreiche und nicht erfolgreiche Verführungen ebenso wie geplante und ungeplante Verführungen. One-Night-Stands ebenso wie „flotte Dreier". Aber nicht nur das: Auch feste Beziehungen und Ehen sind durch das Modell vollständig erklärbar. Ihre Entstehung, ihr Fortbestand und sogar ihr Ende. Genau genommen könnte das Wert-Anziehungs-Modell sogar zur Analyse von fast jeder Art von zwischenmenschlicher Beziehung zwischen Frau und Mann herangezogen werden …

Ich weiß, Wert-Anziehungs-Modell klingt sehr trocken und unheimlich kompliziert. Es ist aber ganz einfach, versprochen. Ich habe es entwickelt, um herauszufinden, warum so viele Männer Probleme mit Frauen haben.

Während der Jahre als Dating Coach fielen mir immer mehr Gemeinsamkeiten zwischen bestimmten Gruppen von Männern auf. Ich beschäftigte mich mit den Gesetzmäßigkeiten ihrer Probleme und begann, die Systematik dahinter zu verstehen. Aus heutiger Sicht betrachtet, habe ich damals begonnen, die Matrix der Verführung verstehen zu lernen und ihre Geheimnisse auszuloten.

Aus diesen Erkenntnissen entstand mein Modell. So seltsam es klingt, es wird Ihnen ermöglichen, sich selbst mit den Augen einer Frau zu betrachten. Zum Beispiel mit den Augen der Frau, die Sie interessiert. Es soll dabei helfen, sich selbst richtig einzuordnen, die Ursache für Probleme zu erkennen und auf die Behebung dieser Schwierigkeiten hinzuarbeiten, um schlussendlich erfolgreicher bei dieser Frau zu werden. Und vielleicht auch bei einigen ihrer Geschlechtsgenossinnen …

Stellen Sie es sich aber bitte nicht zu einfach vor, alte Denkmuster abzulegen und neue Verhaltensweisen zu erlernen. Es könnte ein langer, beschwerlicher Weg werden – je nachdem, wo Sie heute stehen. Viele Verhaltensweisen, die in diesem Buch geschildert werden, verlangen Übung und ein hohes Maß an Disziplin. Es wird Rückschläge geben und auch Körbe. Und doch wird es sich lohnen, die Ratschläge dieses Buches anzunehmen und zu übernehmen, denn je mehr Sie von ihnen in die Tat umsetzen, desto größer wird Ihr Erfolg bei Frauen werden.

Wert

Was ist Wert?

Das Auge der Betrachterin

„Schönheit liegt im Auge des Betrachters", richtig? Mit diesem Konzept von männlichem Wert verhält es sich ganz ähnlich.

Betrachten wir einmal einen Mann. Dieser Mann, nennen wir ihn Hans-Peter, mag Frauen. Und manche Frauen mögen ihn. Ja, die mögen ihn als Mann, also so richtig, mit allem Drum und Dran. Für diese Frauen ist Hans-Peters Wert als potenzieller Geschlechtspartner hoch. Warum, weiß eine Frau manchmal selbst nicht so genau …

Nun gibt es da noch andere Frauen. Die finden unseren Hans-Peter deutlich weniger dufte. Sie stören sich zum Beispiel an den weißen Socken in den Sandalen. Oder er verdient ihnen nicht genug, aber das würde keine von ihnen so gerne öffentlich zugeben. Jedenfalls ist für diese Frauen sein Wert als möglicher Geschlechtspartner eher gering.

Hans-Peter kommt bei verschiedenen Frauen also verschieden gut an. Genau genommen wird sein Wert von jeder Frau auf der Welt unterschiedlich beurteilt werden. Wert ist relativ, denn er hängt von der Beurteilerin ab. Und so unterschiedlich Frauen sind, so unterschiedlich werden die Beurteilungen ausfallen. Individuelle Vorlieben, Werte, Einstellungen und Lebensumstände spielen dabei eine entscheidende Rolle.

Zwei Dimensionen von Wert

Der Wert eines Mannes als Geschlechtspartner ist also relativ. Das heißt, es macht durchaus einen Unterschied, welche Frau wir einen bestimmten Mann bewerten lassen. Nun stellt sich die Frage, worauf Frauen denn achten, wenn sie nach dem Wert eines Mannes als potenzieller Geschlechtspartner gefragt werden. Wie sie urteilen. Und warum sie das auch dann tun, wenn sie überhaupt niemand danach fragt …

Frauen beurteilen Männer ständig, weil Mutter Natur es so will. Unser Beispielmann Hans-Peter soll wie alle anderen Männer viele kleine Nachkommen produzieren, um einen Teil zum Überleben der menschlichen Rasse beizutragen. Allerdings nur, wenn sich weibliche Exemplare finden lassen, die nach der Beurteilung seiner Qualitäten zu dem Schluss kommen, dass er so ziemlich das beste an männlichem Material darstellt, das gerade verfügbar ist. Wenn nicht, geht er leer aus in Sachen Kind und Kegel. Der Nachwuchs soll ja schließlich auch was werden, um wiederum selbst einen Anteil zum Fortbestand der menschlichen Rasse beisteuern zu können. Ja, Mutter Natur hat hohe Ansprüche, die sich in den Ansprüchen der Frauen wiederfinden.

Die Frage, „wie" Frauen beurteilen, ist ebenfalls recht einfach zu beantworten. Frauen beurteilen Männer in der Regel unbewusst. Ob ein männliches Wesen als Geschlechtspartner infrage kommt, ist ihnen meist schon sehr schnell klar. Wahrscheinlich direkt beim allerersten Kennenlernen. Psychologen gehen davon aus, dass es nur höchstens 30 Sekunden dauert, bis ein vermeintlich vollständiges Bild des Gegenübers entstanden ist.

Dieser erste Eindruck ist oft nur schwer zu revidieren. Für ihn gibt es eben keine zweite Chance!

Kommen wir zu einer deutlich interessanteren Frage: Was beurteilen Frauen denn genau, wenn sie den Wert des Mannes als möglicher Geschlechtspartner bewerten? Mit welchen Qualitäten kann Mann bei ihnen punkten?

Nun, der Wert eines Mannes besteht für Frauen aus zwei Dimensionen: männlicher Überlebenswert und männlicher Fortpflanzungswert.

Beide passen zu den beiden wichtigsten Aufgaben, die Mutter Natur uns allen mit auf den Weg gegeben hat: überleben und Nachkommen produzieren.

Überlebenswert

Eine Frau beurteilt einen Mann stark nach seinem Überlebenswert. Dieser beschreibt die erwartete Erhöhung ihrer eigenen Überlebenschancen durch eine engere Beziehung mit ihm. Diese Überlebenschancen sollten nach Möglichkeit durch das Eingehen einer festen Verbindung steigen. Das ist dann der Fall, wenn ihre Wahl sich als richtig erweist und er seine Aufgabe erfüllt, für die Frau und mögliche Kinder zu sorgen. Wenn nicht, hat sie seinen Überlebenswert überschätzt und ihre Wahl war falsch. Mit allen Konsequenzen.

Nun gut, ich gebe zu, heutzutage geht es bei uns nur noch selten ums nackte Überleben. Vor 20 000 Jahren sah das aber noch völlig anders aus. Damals konnte ein männlicher Partner tatsächlich entscheidend sein für das Überleben von Frau und Kind. Eiszeit, Säbelzahntiger und locker sitzende Keulen fremder und meist schlecht gelaunter Höhlenmenschen – in jenem rauen Zeitalter war es als Frau durchaus vorteilhaft, einen Mann als festen Partner zu haben. Am besten einen, der hin und wieder ein totes Tier in die Höhle schleppte und ungebetene Gäste fernhielt.

Da wir alle von Mutter Natur auf solch finstere Zeiten vorbereitet wurden und das Überleben damals ganz oben auf der Prioritätenliste stand, ist eine Frau auch heutzutage noch darauf programmiert, einen Mann vor allem nach seinem Überlebenswert zu beurteilen, der auch heute noch seine ursprüngliche Funktion hat. Auch wenn es heute weniger ums nackte Überleben als um ein schöneres Überleben geht. Man könnte auch sagen: um einen möglichst hohen Lebensstandard, den der Mann bieten soll. Die Bestandteile dieses Wertes haben sich über die Jahrtausende geändert. Vor 20 000 Jahren zählten hauptsächlich körperliche Kraft, Jagdgeschick und ein großer Clan, der Schutz bieten konnte. Das Leben war rauer, sicherheitsbildende Eigenschaften standen deshalb noch etwas höher im Kurs als heute. In unseren Zeiten und unseren Breitengraden machen hauptsächlich vier Dimensionen einen hohen Überlebenswert aus:

- Stil & Körperpflege,
- Persönlichkeit,
- Status,
- Gemeinsamkeiten.

Jeder dieser vier Aspekte ist ausgesprochen relativ, also abhängig von den Eigenschaften und Vorstellungen der beurteilenden weiblichen Person. Gewissermaßen richtet also die Frau im Sinne von Mutter Natur über die Qualitäten des Mannes.

Was ein gepflegter Körper und Stil mit dem Überlebenswert zu tun haben? Nun, ein Mann zeigt mit seiner äußeren Erscheinung und seinem stilsicheren Auftreten, dass er sein Leben und sich im Griff hat und deshalb mit hoher Wahrscheinlichkeit auch abseits von Körperpflege und Stilfragen erfolgreich sein dürfte. Doch Vorsicht, vor allem in Sachen Kleidungsstil sind die Geschmäcker verschieden …

Persönlichkeit ist eine weitere wichtige Dimension des Überlebenswerts. Dazu zählen beispielsweise Facetten wie Offenheit, Lust am Leben, die Fähigkeit, geliebte Menschen zu beschützen, ein interessanter Lifestyle mit attraktiven Hobbys, eine Vision und Ziele im Leben. Eine solche Persönlichkeit verheißt Erfolg und eine schöne und spannende gemeinsame Zeit.

Wenig überraschend: Bei Frauen ist ein hoher Status nützlich. Dazu zählen Job, Geld, Bildung und Freunde. Wie der Status eines Mannes beurteilt wird, hängt nicht zuletzt von Status und Lebensumständen der Beurteilerin ab. Eine weltweit bekannte Millionärin wie Paris Hilton wird Otto Normalverbraucher nur schwer beeindrucken können. Selbst wenn er attraktiv wäre wie Fußballer Cristiano Ronaldo, würde sie wohl einen Mann vorziehen, dessen Status zumindest mit ihrem mithalten kann. Promis wie Frau Hilton bleiben deshalb bei der Wahl ihrer Partner im Normalfall lieber unter sich. So dürfte sich Herr Ronaldo weniger aufgrund seines Waschbrettbauchs für eine kleine Affäre angeboten haben – beeindruckende Sixpacks gibt es schließlich wie Sand am Meer. Sein einzigartiger Ruhm und Verdienst als Fußballstar dürfte für ihre Wahl weitaus wichtiger gewesen sein. Zum Glück: Ganz im Gegensatz zur Hotelerbin gibt sich die

Wurstfachverkäuferin aus unserer Lieblingsfleischerei schon mit viel weniger Glamour und Kleingeld zufrieden …

Gemeinsamkeiten mit der Traumfrau sind die vierte und letzte Dimension des Überlebenswerts, bestehend aus Dingen wie zusammenpassenden Identitäten, Interessen, Einstellungen, Werten, Zukunftsplänen und Träumen sowie einer Portion Vertrauen. Gemeinsamkeiten sind ein Bestandteil des Überlebenswerts, da sie die Fortdauer der Beziehung sichern und verhindern, dass die Mutter während der Kinderaufzucht verlassen wird.

Fortpflanzungswert

Das weibliche Geschlecht ist nicht nur durch einen hohen Überlebenswert zu beeindrucken, sondern auch durch einen hohen Fortpflanzungswert. Männlicher Fortpflanzungswert dient der Erhöhung der Fortpflanzungschancen der Frau, sollte sich eine Beziehung entwickeln. Ihre Fortpflanzungschancen werden durch ihn dann erhöht, wenn er fähig ist, gute Gene beizusteuern.

Aber woran können diese Erbanlagen im Voraus von der weiblichen Zielgruppe erkannt werden?

Frauen achten bewusst und unbewusst auf genau drei Dinge, um vorteilhafte Erbanlagen bei einem Mann festzustellen:

■ physische Gegebenheiten,
■ Intelligenz,
■ individueller Körpergeruch.

Auch beim Fortpflanzungswert liegt Relativität vor. Ob ein Mann einen hohen Fortpflanzungswert für eine Frau verkörpert oder nicht, hängt stark von der Frau ab, die ihn beurteilt.

Mit physischen Gegebenheiten sind hier ausschließlich schwer veränderliche Dinge wie Fülle des Haupthaares und Körpergröße gemeint. Symmetrie von Gesicht oder Figur ist ein weiteres Beispiel für solche Attraktivitätsmerkmale.

Übrigens ist Körpersymmetrie auch bei Tieren ein wichtiges Kriterium. Symmetrische Zähne stehen bei Affen hoch im Kurs, Fliegen fliegen auf symmetrische Flügel und Vögel stehen auf symmetrische Schwanzfedern. Menschen mögen einen symmetrischen Körperbau, weil dieser für ein wehrhaftes Immunsystem steht. Symmetrisch gebaute Männer sind deshalb erwiesenermaßen besonders erfolgreich beim weiblichen Geschlecht.

Zum Thema intellektuelle Fähigkeiten als Bestandteil des männlichen Fortpflanzungswertes ist anzumerken, dass Intelligenz nicht direkt vererbt werden kann. Vielmehr wird nur das Potenzial zur Intelligenz an die Nachkommen weitergegeben, aber ob und wie dieses genutzt wird, steht in den Sternen. Schon deshalb genügt den allermeisten Frauen ein gewisses Mindestmaß an intellektuellen Fähigkeiten bei einem Mann. Diese gewünschte geistige Minimalkapazität hängt allerdings stets davon ab, in welchen intellektuellen Sphären sich die Beurteilerin selbst bewegt. Geht es nach der Mehrheit der Frauen, sollte der Mann in diesem Bereich mit seiner Angebeteten zumindest mithalten können. Professorinnen und Reinigungskräfte stellen naturgemäß meist unterschiedliche Ansprüche an ihren Traummann …

Nun zum dritten Kriterium männlichen Fortpflanzungswerts, dem individuellen Körpergeruch. Ob Frauen unseren Beispielmann „riechen können" – im wahrsten Sinne des Wortes –, ist sogar ein K.o.-Kriterium für die Entwicklung einer Partnerschaft mit ihm. Passt ihnen sein Geruch nicht, können im Normalfall noch so viel physische Attraktivität und intellektuelle Fähigkeiten diesen Mangel in Sachen Fortpflanzungswert nicht kompensieren. Auch sein Gesamtwert als potenzieller Geschlechtspartner wäre damit zumindest schwer geschädigt, wenn nicht sogar förmlich ausradiert!

Die Natur hat dies so eingerichtet, damit der Nachwuchs fit und gesund wird. Um Immunschwächen der Kinder durch zu ähnliche Erbanlagen und Immunsysteme der Eltern zu verhindern. So richtig gut riechen kann sich nämlich nur, wer unterschiedliche Gene und körperliche Abwehrmechanismen hat. Damit für die Nachkommen ein wehrhaftes Immunsystem möglich wird, ist es von Vorteil, dass beide Partner verschiedene Anlagen dafür haben. Die Kombination aus diesen beiden gegensätzlichen Immunsystemen führt zu einer starken Abwehr beim Kind. Personen mit gleicher Erbanlage und Körperabwehr riechen deshalb nicht besonders attraktiv oder bestenfalls neutral, Personen mit passenden Genen schmeicheln hingegen unserer Nase.

Frauen haben einen besseren Riecher für männliche Erbanlagen als umgekehrt und selektieren deshalb stärker ihre Partner anhand des Geruchs. Frauen sind generell bei der Partnerwahl sorgfältiger als Männer, sie tragen schließlich auch das Risiko einer Schwangerschaft. Männer sind außerdem mehr auf visuelle Auswahlkriterien festgelegt, ihr Geruchssinn spielt eine untergeordnete Rolle bei der Suche nach einer Geschlechtspartnerin. So sorgt vor allem das weibliche Geschlecht dafür, dass sich nur dann mehr zwischen zwei Menschen entwickelt, wenn das Kriterium der unterschiedlichen Erbanlagen ausreichend erfüllt ist.

Frauen sind unbewusst in der Lage, über den Eigengeruch des Mannes zu erkennen, ob dessen Erbanlagen und Immunsystem günstig für gemeinsamen Nachwuchs sind oder nicht. Auch Parfum hilft nicht, wenn die Chemie zwischen Männlein und Weiblein nicht stimmt.

Übrigens kann diese Fähigkeit des weiblichen Geschlechts durch die Einnahme der Pille gestört werden. Gelegentlich kann es deshalb passieren, dass die Partnerwahl einer empfängnisverhütenden Frau auf einen Mann trifft, der mit seiner genetischen Anlage eigentlich nicht zu ihr passt. Setzt sie die Pille ab, erscheint ihr sein individueller Körpergeruch plötzlich als weniger angenehm und die Beziehung geht mit hoher Wahrscheinlichkeit zeitnah in die Brüche. Es ist deshalb vorteilhaft, eine Frau in einer Phase kennenzulernen, in der sie nicht hormonell verhütet. Eine unter diesen Umständen entstehende Beziehung hat zumindest in diesem Bereich beste Voraussetzungen!

Wenn zwei Menschen mit perfekt zueinanderpassenden genetischen Anlagen aufeinandertreffen, kann dies über den Geruchssinn sogar schnell zu Verliebtheit führen – ein intensives Gefühl der Zuneigung, das mit einer Einengung des Bewusstseins einhergeht und stets genossen werden sollte. In vieler Hinsicht ist es vergleichbar mit einer Art Geisteskrankheit. In Acht nehmen sollte man sich deshalb vor einer übermäßigen Fixierung auf das Objekt der Begierde, die häufig aus Verliebtheit resultiert. Abgesehen von schwülstigen Liebesliedern und Gedichten entsteht aus ihr selten Gutes.

Zurück zum männlichen Fortpflanzungswert. Dessen drei Facetten sind also allesamt schwer veränderliche Merkmale, deren

Ausprägungen nicht mal eben über Nacht erzeugt oder verbessert werden können. Nun aber die gute Nachricht: Der Fortpflanzungswert ist für unsere weiblichen Zeitgenossinnen weit weniger wichtig als männlicher Überlebenswert. Der Volksmund hat recht, ein Mann muss nicht unbedingt schön sein. Und kein potenzieller Nobelpreisträger. Der Fortpflanzungswert macht nur 30 Prozent seines Gesamtwertes aus, die restlichen 70 Prozent stehen für seinen Überlebenswert. Mann punktet bei der Damenwelt also stark mit einem Job als Arzt, Pilot oder Gitarrist. Ein IQ von 145 spielt hingegen eine eher untergeordnete Rolle. Aber riechen müssen sie ihn können, das ist die Grundbedingung. Ist diese hinreichend erfüllt, kann ein ansonsten geringer Fortpflanzungswert durch einen stark ausgeprägten Überlebenswert durchaus kompensiert werden: Frauen suchen evolutionsbiologisch gesehen vor allem nach Ernährern und Beschützern!

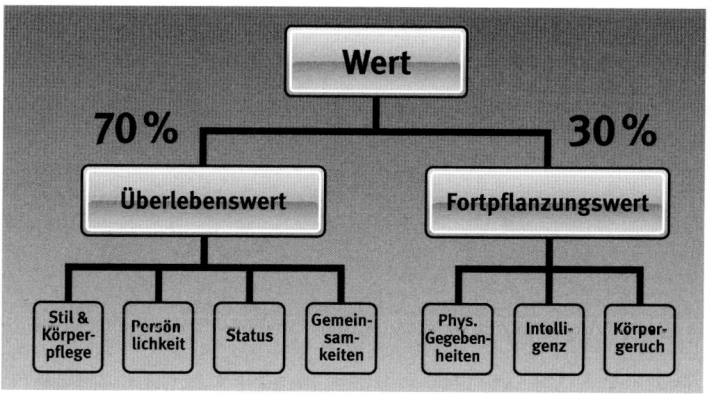

Der Wert eines Mannes aus Sicht der Frau.

Exkurs: weiblicher Wert

Für Männer zählt bei der Beurteilung von Frauen ein genau umgekehrtes Verhältnis: Ihnen ist der Fortpflanzungswert der Angebeteten sehr viel wichtiger als ihr Überlebenswert. Letzterer macht nur 30 Prozent des weiblichen Gesamtwertes für einen Mann aus.

Männer sind aus evolutionsbiologischer Sichtweise auf der Suche nach einer Frau um sich fortzupflanzen und nicht, um sich von ihr das Überleben sichern zu lassen. Selbst völlig auf sich alleine gestellt hatten Männer in Urzeiten gute Überlebenschancen, während Frauen einen Partner gebrauchen konnten, um harte Winter zu überstehen. Für Nachwuchs ist allerdings damals wie heute weibliche Gesellschaft nötig …

Nach dem Willen der Natur sollen sich Paare finden, die möglichst gute Chancen auf gesunden Nachwuchs haben. Dieser Wille findet sich in jeder Frau, aber auch in jedem Mann wieder: Er sucht nach einer möglichst attraktiven Frau, um diese für sich zu gewinnen. Signalisiert sie doch mit diesen Äußerlichkeiten Gesundheit, gute Gene und damit auch die Fähigkeit, mit hoher Wahrscheinlichkeit Kinder erfolgreich großzuziehen. Deshalb sind Vorzüge wie schöne Haut und kräftige Haare – sprich äußerliche Attraktivität – den meisten Männern bei einer Frau sehr wichtig.

Haut und Haare sind ein Gesundheitszeugnis der Frau, das ihr sozusagen ins Gesicht geschrieben steht. Während an der Haut viel über den momentanen Gesundheitszustand und mögliche Krankheiten abzulesen ist, gibt das Haupthaar sogar Auskunft über die letzten Jahre einer Frau. Lange, schöne, gesunde Haare bezeugen glaubwürdig, dass es ihr schon lange Zeit gut geht.

Haut und Haare sind auch deutlich wichtiger als beispielsweise ein hoch dotierter Job. Weiblicher Überlebenswert ist zu unwichtig für Männer. Damals wie heute sucht ein Mann selten nach einer Versorgerin oder Beschützerin, sondern eher nach der Mutter seiner Kinder. Selbst wenn er keinen Kinderwunsch hegt, kann er sich diesen Bewertungen nicht entziehen. Mutter Natur hat ihn schließlich darauf programmiert.

Wie ein Mann es nun schaffen kann, seinen Wert als potenzieller Geschlechtspartner auf dem Singlemarkt zu steigern, soll das folgende Kapitel zeigen. Vorher wird das erste Kapitel noch in einem Infokasten zusammengefasst. Solche Zusammenfassungen finden Sie nach jedem Kapitel, um Ihnen die wesentlichen Punkte noch einmal vor Augen zu führen.

||| Zusammenfassung

Der Wert eines Mannes als möglichem Geschlechtspartner variiert von Frau zu Frau – für die eine hui, für die andere pfui.

Männlicher Wert für eine Frau besteht aus zwei Dimensionen: dem Überlebenswert und dem Fortpflanzungswert. Nach diesen beiden Hauptkriterien beurteilt sie jeden Mann – vor allem unbewusst, versteht sich!

Der Überlebenswert steht für die Erhöhung der Überlebenschancen der Frau durch den Mann und macht 70 Prozent des männlichen Gesamtwertes für eine Frau aus. Er besteht aus den größtenteils veränderlichen Kriterien Stil & Körperpflege, Persönlichkeit, Status und Gemeinsamkeiten zwischen Frau und Mann.

▶

Der Fortpflanzungswert steht für die Erhöhung der Fortpflanzungschancen der Frau durch den Mann und macht 30 Prozent des Gesamtwertes aus. Er besteht aus physischen Gegebenheiten, Intelligenz und individuellem Körpergeruch. Diese Merkmale sind kaum beeinflussbar.

Das Kriterium Körpergeruch stellt dabei im Normalfall ein K.o.-Kriterium dar: Sollte er der Frau absolut nicht zusagen, rückt eine geschlechtliche Beziehung zwischen Frau und Mann in weite Ferne. Ein solcher Mangel ist praktisch nicht auszugleichen. Mit dem weiblichen Urteil über den männlichen Körpergeruch steht und fällt der Gesamtwert eines Mannes für sie.

Für Männer gilt ein genau umgekehrtes Verhältnis: Sie achten bei einer Frau vor allem auf ihren Fortpflanzungswert: Evolutionsbiologisch gesehen suchen sie schließlich nach der Mutter ihrer Kinder.

Erzeugung von Wert

„Versuch nicht, ein Mann des Erfolgs zu werden.
Werde lieber ein Mann von Wert!"
Albert Einstein

Wie wir gesehen haben, sind die drei Bestandteile des männlichen Fortpflanzungswertes im Prinzip kaum aktiv zu erzeugen, zu verändern oder auf kontrollierbare Weise zur Zielperson zu transportieren. Physische Gegebenheiten, Intelligenz und individueller Körpergeruch sind einfach da. Sobald ein weibliches menschliches Wesen ein männliches persönlich kennenlernt, wird es – zumindest unbewusst – dessen Fortpflanzungswert registrieren und einordnen. Ein Nachhelfen ist kaum möglich, Mann kann weder an seiner gottgegebenen physischen Attraktivität noch an der intellektuellen Kapazität oder an den Erbanlagen, die seinen Körpergeruch bestimmen, kurzfristig etwas drehen.

Die gute Nachricht dabei: Wir Männer müssen uns bezüglich der Erzeugung von Wert nur noch über unseren Überlebenswert Gedanken machen, der sowieso viel wichtiger ist als der Fortpflanzungswert. Seine vier Facetten Stil & Körperpflege, Persönlichkeit, Status und Gemeinsamkeiten mit der weiblichen Zielperson sind außerdem beeinflussbar oder zumindest steuerbar in der Hinsicht, wie sie bei anderen Menschen ankommen. Es genügt für einen Mann nicht, einen hohen Überlebenswert zu haben. Er muss ferner auch dafür sorgen, dass sein Überlebenswert bei den Damen ankommt und sie ihn zur Kenntnis nehmen. Wie das funktionieren kann, zeigen die folgenden Abschnitte.

Erzeugung von Wert hinsichtlich Stil & Körperpflege

„Das Aussehen entscheidet, wer sich kennenlernt, die Persönlichkeit, wer zusammenbleibt", sagt der Volksmund. Wenn dem so ist, ist das Aussehen als Facette von männlichem Wert von ausgesprochen hoher Bedeutung. Was nützt eine spektakuläre Persönlichkeit, die niemand erkennt, weil die schwarzen Zahnstummel und die seit den 1980er-Jahren unverändert selbst geschnittenen Haare jedes weibliche Wesen instinktiv Reißaus nehmen lassen? Solche Äußerlichkeiten sind keine besonders gute Voraussetzung, um Frauen für sich zu begeistern …

Zu den in diesem Abschnitt behandelten äußeren Erscheinungsmerkmalen ist anzumerken, dass sie prinzipiell veränderbar sind. Sie stehen damit im Gegensatz zu den unveränderlichen physischen Gegebenheiten, die im Abschnitt über den männlichen Fortpflanzungswert besprochen wurden. Letztere erfordern schlicht Gelassenheit, Dinge hinzunehmen, die man nicht ändern kann. Baustellen hinsichtlich Stil & Körperpflege hingegen verlangen Mut und Anstrengung, um zum Positiven zu verändern, was änderbar ist. Änderbare von nicht änderbaren Dingen unterscheiden zu können, ist zu diesem Zweck ausgesprochen vorteilhaft!

Beginnen wir mit einem Allgemeinplatz: Es empfiehlt sich immer ein zum Anlass passendes Styling in Verbindung mit einem angemessenen Maß an Körperpflege.

Die Frage, welches Styling zu welcher Gelegenheit passt, ist allerdings weniger banal. Experten haben mit ihrer Beantwortung bereits Hunderte von Büchern gefüllt, Stylisten verdienen ihre Brötchen damit und Illustrierte sind voll von solchen Themen. Einen kurzen Abriss darüber kann ich mir an dieser Stelle trotzdem nicht verkneifen, allerdings stets mit dem männlichen Überlebenswert im Fokus. Stil und Auftreten sollen schließlich primär der Erhöhung des männlichen Überlebenswertes dienen und so die Chancen beim weiblichen Geschlecht erhöhen. Mit gepflegtem Äußerem und stilsicherem Auftreten belegt der Mann, alles im Griff zu haben und suggeriert so nicht nur der Frauenwelt, auch alle übrigen Lebensbereiche erfolgreich zu meistern. Kleider machen bekanntlich Leute. So weit, so theoretisch. Ein junger Mann namens Bjørnstjerne aus Norwegen wird uns nun die Praxis der Wertfacette Stil & Körperpflege näherbringen.

Bjørnstjerne ist Sänger einer norwegischen Black-Metal-Band. Black Metal – das sind kreischende Gitarren, kunstvoll schwarzweiß geschminkte Gesichter auf der Bühne und davor, schwarze Klamotten so weit das Auge reicht und freundliche junge Leute, die in ihrer Freizeit manchmal dem Satan huldigen. Bjørnstjerne hat gepflegte Haare, aber sie gehen ihm bis zum Nietengürtel. Auf den Konzerten von Bjørnstjernes Band tropft der Schweiß von der Decke und hin und wieder auch etwas Kunstblut auf die Bühne. Was junge Leute in ihrer Freizeit eben so machen …

Unnötig zu erwähnen, dass Bjørnstjerne bei den Mädels vor der Bühne ziemlich angesagt ist. Man könnte auch sagen, sein Wert als potenzieller Geschlechtspartner geht in den Augen sämtlicher Black-Metal-Fanatikerinnen praktisch durch die Decke.

Aber woran liegt das genau?

Unter anderem daran, dass Bjørnstjerne in ihren Augen hinsichtlich Überlebens- und Fortpflanzungswert wahnsinnig viel zu bieten hat.

Analysieren wir seinen Wert aus ihrer Sicht in aller Kürze. Wir haben dafür vier Dimensionen des Überlebenswerts und die drei Dimensionen des Fortpflanzungswerts kennengelernt: Stil & Körperpflege, Persönlichkeit, Status und Gemeinsamkeiten sowie physische Gegebenheiten, intellektuelle Fähigkeiten und individueller Körpergeruch.

Bjørnstjerne ist mit seinen hautengen Lederhosen, den vielen Nieten und der liebevollen Gesichtsbemalung für den Anlass eines Black-Metal-Konzerts perfekt gestylt, sein Stil ist folglich über jeden Zweifel erhaben. Volle Punktzahl.

Seine Persönlichkeit drückt sich unter anderem in seinen teilweise indizierten Texten aus, die alle anwesenden Damen auswendig mitschreien können.

Als Frontmann der Band verkörpert er wie niemand sonst das Alphatier, einen höheren Status zu haben, ist an diesem Abend in dieser Location nicht möglich.

Nicht wenige Ladys im Publikum sind zudem davon überzeugt, in ihm einen Seelenverwandten gefunden zu haben. Und nicht nur das: So manche dieser Damen haben Pläne geschmiedet, ihn heute Abend endlich persönlich über die bestehenden Gemeinsamkeiten aufzuklären …

Soweit der Überlebenswert, der circa 70 Prozent von Bjørnstjernes Gesamtwert als möglichem Geschlechtspartner für die Black-Metal-Mädels ausmacht.

Die restlichen 30 Prozent entfallen wie erwähnt auf seinen Fortpflanzungswert. Auch in diesem Bereich ist Bjørnstjerne fantastisch aufgestellt: Physisch und intellektuell ist alles bestens und wegen seines Körpergeruchs hat sich auch noch keine beschwert, sagt er sich zu Recht. Abgesehen davon, dass die meisten Mädels vor der Bühne gar nicht die Möglichkeit haben, diesen wirklich zu beurteilen.

Zusammenfassend lässt sich also sagen, dass es bei Bjørnstjerne um alle sieben Wertdimensionen sehr gut bestellt ist und ihm heute Abend niemand die Poleposition bei den schwarzgekleideten Vertretern des weiblichen Geschlechts streitig machen wird.

Leider verläuft der Rest des Abends trotzdem wenig erfolgreich für Bjørnstjerne. Bei der feuchtfröhlichen After-Show-Party mit seinen Bandkollegen verirrt er sich alleine in einen Hip-Hop-Club. Wie wenig Black Music mit Black Metal zu tun hat, wird ihm dort schnell klar. Sprechgesang, weite Jeans und dicke Klunker … Aber die Mädels dort gefallen ihm. Umgekehrt halten sich die positiven Reaktionen allerdings eher in engen Grenzen. Von seinem unglaublich hohen Wert auf dem Konzert seiner Band ist in dieser neuen Location nichts mehr übrig. Mit seinen Lederklamotten ist er dort nicht mehr als ein Freak, für seine Persönlichkeit interessiert sich nicht mal der Barkeeper, sein Status ist unterirdisch und Gemeinsamkeiten mit den Rap-Fans existieren nicht. Kurz, sein Überlebenswert ist in diesem Club faktisch nicht vorhanden!

Da kann auch sein verbliebener Fortpflanzungswert nichts mehr retten. Fortpflanzungswert ist ohne Überlebenswert nämlich nicht tragfähig, Fortpflanzungswert alleine nützt bei Frauen meist wenig.

Bjørnstjerne bleibt heute Abend alleine, weil er sich in der Tür geirrt hat. Sein missglückter Ausflug in eine fremde Welt unterstreicht zwei Dinge. Erstens die Relativität von Wert: Sein Wert wird von unterschiedlichen Frauen unterschiedlich beurteilt. Zweitens die Bedeutung der Wertfacette Stil & Körperpflege: Das Outfit ist sehr entscheidend für den Erfolg bei Frauen.

Gleichzeitig hat Bjørnstjernes leidvolle Erfahrung gezeigt, wie schwer es ist, wertvolle und allgemeingültige Tipps zur Erzeugung von Wert hinsichtlich Stil & Körperpflege zu geben. Für seine eigentliche Zielgruppe war unser norwegischer Freund schließlich perfekt gekleidet – für coole Hip-Hop-Mädels war sein Outfit jedoch unerträglich.

Plakativ zur Schau gestellte Zugehörigkeit zu einer Szene oder ein anderweitig extremer Stil können sich also durchaus problematisch auswirken. Beides limitiert von vornherein die Anzahl der Personen, die theoretisch Interesse zeigen könnten. Die weibliche Zielgruppe eines Mannes wird auf diese Weise von vornherein beschränkt. Wird die gewohnte Umgebung verlassen, droht sogar ein wertmäßiger Absturz ins Bodenlose. Mit einem solchen Styling wird alles auf eine Karte gesetzt, genauer gesagt auf die eine Zielgruppe, auf die es gemünzt ist …

Um nicht von vornherein einen Großteil der Damenwelt abzuschrecken, empfiehlt sich deshalb ein Stil, der Männlichkeit, Individualität und Massentauglichkeit verbindet. Ein solcher Stil trägt am wahrscheinlichsten dazu bei, einen hohen Wert als potenzieller Geschlechtspartner in den Augen vieler Frauen zu entwickeln. Dafür ist es nützlich, einige Kleidungsstücke im Schrank zu haben und um andere einen großen Bogen zu machen. Fangen wir mit den Must-Haves an, also der Positivliste essenzieller Garderobe, die ein Mann besitzen und regelmäßig tragen sollte.

Dazu gehören definitiv schlichte schwarze Lederschnürer. Möglichst hochwertige Halbschuhe aus Leder, der gegenwärtigen Mode entsprechend mit einer eher spitzen und keinesfalls eckigen Form. Unnötig zu erwähnen, dass in ein paar Jahren eine völlig andere Form angesagt sein könnte. Auf absehbare Zeit immer noch gültig dürfte hingegen die Annahme sein, dass Ihre Fußbekleidung umso länger hält, je mehr Geld Sie in sie investieren. Zur Beruhigung aller Studierenden sei aber gesagt, dass es auch preisgünstige Ausführungen von hoher Qualität gibt. In jedem Fall wollen Schuhe gepflegt, repariert, imprägniert und mit Schuhspannern aus Holz in Form gehalten werden.

Zu diesen Schuhen sollte ein passender Ledergürtel vorhanden sein. Die Farbe des Gürtels muss stets der Farbe der Schuhe entsprechen, in diesem Fall also schwarz. Die zu wählende Breite des Gürtels hängt wiederum von der Art der Hose ab. Eine elegante Anzughose verlangt nach einem eher schmalen Gürtel, während eine Bluejeans einen breiteren und lässigeren Gürtel verträgt. Wenn dann noch die Socken farblich zur Hose passen, ist das Outfit unterhalb der Gürtellinie in sich stimmig.

Weiße Socken sind immer ein absolutes No-Go, außer bei sportlicher Betätigung. Das Privileg, weiße Socken zu jeder Gelegenheit tragen zu dürfen, war einzig und allein Michael Jackson vorbehalten. Auch andersfarbige Sportsocken oder solche mit Comicmotiven sind verpönt – auffällige Farben sind bei Socken generell zu vermeiden. Nur absolute Modeprofis können sich in Ausnahmefällen den Griff zu bunten Strümpfen leisten, ohne sich zu blamieren. Für Anfänger ist eine solche Wahl viel zu riskant. Zu einer schwarzen Hose gehen grundsätzlich nur schwarze Socken, zur dunkelblauen Hose passen dunkelblaue und Bluejeans brauchen zumindest dunkle Strumpfwaren. Bei einer hellen Hose sollten sie etwas dunkler, aber mindestens einen Farbton heller sein als die Schuhe.

Ein weiteres Must-Have sind langärmelige Hemden. Wenn ein solches Hemd lang genug ist, um das Gesäß zu bedecken, muss es in die Hose. Solche klassischen Hemden sind länger, damit sie nicht aus der Hose rutschen, wenn man sich hinsetzt. Freizeithemden sind kürzer und unten meist gerade geschnitten. Sie können zu passenden Gelegenheiten über der Hose getragen werden.

Ein sichtbares T-Shirt unter einem Hemd mit Rundhals kommt meistens spießig, unbeholfen und uncool rüber. Nur wenn es nicht oder kaum sichtbar ist, ist es als eine Art Unterhemd in Ordnung – am ehesten mit einem V-Ausschnitt. Kurzärmelige Hemden sind übrigens weniger zu empfehlen und erinnern oftmals an Bedienstete von Fast-Food-Ketten.

Jeder Mann sollte eine schwarze, Skinny-Tie genannte dünne Krawatte im Schrank haben und diese beispielsweise bei niveauvollen Clubbesuchen in der Stadt zum Einsatz bringen. Breitere Krawatten sind für klassische Anzüge gedacht. Eine Krawatte sollte immer in der Mitte der Gürtelschnalle enden. Eine zu kurze Krawatte vermittelt einen inkompetenten Eindruck, eine zu lange ist nicht minder peinlich.

Kommen wir zu den klassisch männlichen Kleidungsstücken schlechthin, angefangen bei der schwarzen Lederjacke. Schlicht und schnörkellos trotzt sie Wind und Wetter und verleiht auch Bürohengsten das Flair von Freiheit und Abenteuer.

Ebenso essenziell wie die Lederjacke ist für einen Mann natürlich der Anzug. Ein Mann kann in keinem Kleidungsstück der Welt besser aussehen als in einem maßgeschneiderten oder zumindest gut sitzenden Anzug. Nicht nur für Studierende bieten sich auch Jacketts von günstigen skandinavischen oder spanischen Klamottenläden und ähnlichen Häusern an – das Preis-Leistungs-Verhältnis stimmt dort nämlich meist!

In aller Kürze nun die Negativliste. Diese besteht aus Kleidungsstücken, die ein Mann weder besitzen noch tragen sollte sowie
bestimmten Kombinationen, die unbedingt vermieden werden
müssen.

Es fängt an bei Dreiviertelhosen. Die gehen allgemein gar nicht
und zu keiner Gelegenheit. Vor allem nicht in der Kombination mit Sandalen. Sandalen an sich sind schon problematisch,
Socken in Sandalen hingegen eine modische Todsünde. Wenn
bei warmer Witterung unbedingt nackte Männerfüße öffentlich zur Schau gestellt werden müssen, sollte lieber zu Flipflops
gegriffen werden. Und selbstverständlich ohne Socken!

Marken sollte man nicht blind vertrauen. Nicht alles, was teuer
ist, kann bedenkenlos getragen werden. Klamottenlabels sollten vom aufmerksamen und mündigen Kunden sorgfältig beobachtet werden. Beispielsweise werden Marken spätestens dann
untragbar, wenn sie anfangen, den Markennamen übergroß
auf jedes ihrer Produkte zu drucken. Zudem sollte stets darauf
geachtet werden, welcher Schlag von menschlichen Wesen eine
bestimmte Marke favorisiert. Schließlich möchte man mit gewissen Zeitgenossen nicht in einen Topf geworfen werden …

Allgemein gilt: Klamotten sollten dem Träger passen, nicht zu
viele verschiedene Muster aufweisen, möglichst wenig zerknit-
tert und vor allem sauber sein.

Kommen wir zum sensiblen Thema Schmuck und Accessoires.
Bekanntermaßen sieht die klassische Herrenmode nur eine Uhr,
einen Ehe- oder Siegelring und Manschettenknöpfe vor. Daran
muss sich nicht sklavisch gehalten werden, und das Tragen von
Manschettenknöpfen ist auch keine Bürgerpflicht, aber Orien-

tierung sollte diese Regel allemal bieten. Ungestraft auf Weihnachtsbaum machen dürfen nämlich nur P. Diddy, Jay-Z und 50 Cent. Normalsterbliche Nicht-Rap-Stars ohne Abkürzungen im Namen sollten sich auf höchstens drei Teile beschränken. Von Ohrringen und Armkettchen ist wegen des zu hohen Prollfaktors generell eher abzuraten.

Brillenträger sollten sich bei der Auswahl des Gestells gut beraten lassen – es ist ein wichtiges Accessoire und kann in Sachen Attraktivität viel zum Positiven oder Negativen hin verändern. Eine stylishe Sonnenbrille kann eine fantastische Ergänzung eines stimmigen Outfits sein, muss in geschlossenen Räumen aber stets abgesetzt werden – auch wenn Udo Lindenberg dies möglicherweise anders sieht.

Versuchen wir, das Thema Stil hinter uns zu lassen und uns für einige kurze Abschnitte der Körperpflege zu widmen.

Besondere Beachtung verdient dabei das Thema Haare. Es empfiehlt sich eine gewissenhafte Bearbeitung von Kopf- und Körperhaaren. Bearbeitung heißt im Fall des Haupthaares regelmäßiger Friseurbesuch und zeitgemäßes Styling, im Bereich Nacken, Rücken, Füße, Ohren, Nase und Achseln gnadenlose Entfernung aller sichtbaren Büschel und in der männlichen „Bikinizone" sollte zumindest regelmäßig nach dem Rechten gesehen werden. Der Verbleib von Haaren auf Brust und Bauch bleibt dem persönlichen Geschmack überlassen. Keinen Geschmacksfragen unterliegen dagegen die Haare zwischen Stirn und Augen: Sind sie zusammengewachsen, sollten sie fachmännisch getrennt werden. Am Anfang am besten von einer Kosmetikerin oder einem weiblichen besten Freund, um größere Katastrophen zu vermeiden. Danach darf dann selbstständig Hand angelegt werden, um Monobrauen zukünftig zu vermeiden.

Männliche Haut verlangt prinzipiell in gleichem Ausmaß Pflege wie die weibliche Körperhülle. Es empfiehlt sich, für Gesicht und Körper eine fettarme Creme zu benutzen. Welche Produkte sich da eignen, hängt von den individuellen Gegebenheiten ab. Im Zweifel sollte die Trial-and-Error-Methode zum Ziel führen: Am fröhlichen Ausprobieren verschiedener Produkte führt meist kein Weg vorbei.

Zur Hautfarbe ist zu sagen, dass sich weder bleicher Vampirlook noch die Optik eines knusprigen Brathähnchens empfiehlt. Solarium mehrmals die Woche ist tabu, allein schon wegen der Hautkrebsgefahr. Dessen ungeachtet ist leicht gebräunte Haut durchaus ansprechend, verleiht sie doch Frische und Attraktivität. Sparsame Anwendung von Bodylotion mit einem geringen Anteil an Selbstbräuner ist deshalb im Winter für einen Mitteleuropäer des hellen Hauttyps unter Umständen zu empfehlen. Im Sommer sollte man einfach dafür sorgen, regelmäßig an die frische Luft zu kommen und sich maßvoll der Sonne auszusetzen.

Zähne sollten unter Umständen gebleicht werden: Gelbe, braune oder schwarze Exemplare kommen bei den Damen selten gut an. Beim Aufhellen tut es meist ein gutes Produkt aus der Drogerie, beispielsweise in Form von mit Gel gefüllten Kunststoff-Klebestreifen. Die teure, professionelle Version beim Zahnarzt lohnt sich bei schwerwiegenden Verfärbungen.

Finger- und Fußnägel sollten bei öffentlichen Auftritten – sprich dem Verlassen der eigenen vier Wände – stets geschnitten und vielleicht sogar gefeilt sein.

Parfum sollte sparsam benutzt werden. Frau sollte es nur riechen können, wenn sie einem Mann sehr nahe gekommen ist. Eine wabernde Duftwolke ist sowohl bei Frauen als auch bei Männern unangebracht.

Beim Thema Körperpflege im weitesten Sinne komme ich nicht umhin, auf die Wichtigkeit von vernünftigem Essen und Trinken sowie regelmäßiger sportlicher Betätigung hinzuweisen.

Grundsätzlich haben es fitte und gesunde Männer bei der Partnersuche leichter. Evolutionsbiologisch gesehen suchen Frauen nach einem Partner, der vital und ausdauernd genug ist, die Familie durch einen harten Winter zu bringen, Feinde abzuwehren und Tiere zu erlegen. Deshalb werden auch heute noch athletische Körper bevorzugt. Auch das in der Damenwelt weitverbreitete Faible für männliche Hinterteile ist evolutionsmäßig zu begründen: Ausgeformt und muskulös ist es ein Zeichen für Schnelligkeit und Wendigkeit und damit verbundenem Jagderfolg. Spätestens seit dem Tod von Humphrey Bogart haben es schmächtige und kleine Männer eher schwer bei der Damenwelt. Lässt sich Schmächtigkeit durch entsprechendes Muskelaufbautraining noch korrigieren, ist fehlende Körpergröße leider nicht zu ändern. Männer unter 1,70 m sollten deshalb umso mehr daran setzen, nicht zusätzlich auch noch hühnerbrüstig daherzukommen.

Beim Thema Sport kommt es aber nicht nur darauf an, dass sich Frauen von sportlichen Männerkörpern angezogen fühlen. Sport ist ausgesprochen wichtig für die Seele des Menschen, für Selbstvertrauen, Wohlbefinden und Stimmung ebenso wie für Potenz und Libido. Und nur ein Mann, der regelmäßig Bewegung hat und auch gelegentliches Hanteltraining nicht scheut, vermag es, in textilfreiem Zustand alleine durch seinen Körper für weibliche Wesen sexy zu wirken.

Auch der Prager Schriftsteller Franz Kafka war begeisterter Anhänger des Krafttrainings. Gewissenhaft und systematisch trainierte er unterschiedliche Muskelgruppen. Geeignet ist ein solches Training übrigens in jedem Alter und als Altersvorsorge: Es erhält die Stabilität von Muskeln und Knochen und die Manneskraft.

Empfehlenswert sind übrigens auch Übungen, die sich auf in dieser Hinsicht häufig vernachlässigte Körperteile des Mannes beziehen. Ja, auch der „kleine Johnny" kann mit speziellen Übungen trainiert werden und dadurch Wachstum in Länge und Breite sowie gewisse Leistungssteigerung verzeichnen. Das passende Google-Stichwort zur Weiterbildung hierfür ist übrigens „Jelqing".

Ohne Sport hingegen leiden Ausstrahlung, Körperspannung und damit auch die für das Flirten wichtige Körpersprache. Der Fettanteil des Körpers nimmt konstant zu, während die Konzentration des Hormons Testosteron im Körper abnimmt. Ein niedriger Spiegel dieses Männlichkeitshormons ist gleichbedeutend mit einer Katastrophe, fördert Testosteron doch Muskelaufbau, Fettverbrennung, Libido, Aggressivität und sogar mathematisches Verständnis. Im Prinzip also fast alles, was einen Mann landläufig ausmacht. Ohne Testosteron verfetten auch die männlichsten Männer und verzeichnen konstanten Muskelschwund. Von erhöhtem Schmerzempfinden, Erektionsstörungen, Osteoporose, Antriebslosigkeit und Depressionen ganz zu schweigen.

Ziel muss es also sein, den körpereigenen Testosteronspiegel hochzutreiben und maximal von den Vorzügen dieses Hormons zu profitieren.

Testosteron hat noch eine weitere Funktion: Es hat Einfluss darauf, wie attraktiv ein Mann von Frauen eingeschätzt wird. Frauen nehmen die Konzentration dieses Hormons in einem Männerkörper unbewusst wahr und beurteilen Männer mit einem hohen Testosteronwert als anziehender. Männer mit geringeren Werten schneiden zum Beispiel schlechter ab, wenn Frauen maskuline Tanzstile bewerten sollen. Wissenschaftliche Studien belegen eindrucksvoll, dass die Bewegungen von Männern mit hohem Testosteronwerten auf das weibliche Geschlecht besonderen Eindruck machen.

Die zweite zentrale Methode neben dem Sport, für einen günstigen Hormonhaushalt und äußerliche männliche Attraktivität zu sorgen, ist eine vernünftige Ernährung mit Selbstkontrolle und Selbstdisziplin. Sie ist ein Schlüssel zu körperlicher und auch geistiger Gesundheit. Sie bildet die Basis für gutes Aussehen und männlichen Überlebenswert und kann deshalb nicht wichtig genug genommen werden. Achten Sie auf eine hohe Eiweißzufuhr und auf möglichst hochwertige Kohlenhydrate. Außerdem sollten Sie ausreichend Zink, Vitamin C und Magnesium konsumieren. Bei einem Mangel ist die Ernährung durch entsprechende Tabletten zu ergänzen. Von Multivitaminpräparaten ist allerdings eher abzuraten – diese sind meist nicht für den jeweiligen Organismus passend dosiert.

Um zu wissen, wo man gewichtsmäßig steht und wie das eigene Gewicht eingeordnet werden kann, empfiehlt sich unter anderem ein Blick auf den Body-Mass-Index, häufig mit BMI abgekürzt. Es handelt sich dabei um eine Maßzahl für die Bewertung des Körpergewichts eines Menschen.

Anzumerken ist, dass der BMI nicht mehr als eine grobe Richtlinie sein kann und beispielsweise bei Bodybuildern – die meist einen überhöhten Wert aufweisen – keine Aussagekraft hat, da das Verhältnis von Muskelgewebe zu Fettgewebe nicht in die Berechnungen einfließt. Sind solche Daten gefragt, muss z. B. in einem gut ausgerüsteten Fitnessstudio eine Fettwaage konsultiert werden, die den Körperfettanteil bestimmen kann.

Der BMI berechnet sich über das Körpergewicht in Kilogramm geteilt durch die Körpergröße in Metern zum Quadrat. Man kann ihn einfach mithilfe eines Onlinerechners im Internet berechnen. Das Normalgewicht liegt bei Männern im BMI-Bereich von 20 bis 25, darüber herrscht Übergewicht und darunter dürften es gerne ein paar Kilo mehr sein. Bei einem BMI von über 25 sollten Fett und Zucker in der Nahrung reduziert werden, bei Untergewicht sollte gewissenhaft mehr gegessen werden.

Genaueres dazu verraten die beiden folgenden Infokästen. Der erste enthält Tipps, um abzunehmen, der zweite Tricks zum Masseaufbau. Lesen Sie die zu Ihrem Fall passende Aufstellung. Aber auch der jeweils andere Kasten enthält wertvolle Tipps zu Training, Ernährung und allem, was dazugehört. In beiden sind Übungen dargestellt, die für alle Männer zum Standardprogramm gehören sollten.

Egal ob über- oder untergewichtig: Es ist nützlich, über beides Bescheid zu wissen. Schließlich folgt klassischerweise auf den Masseaufbau eine Diätphase – erst Muskeln aufbauen, dann das

Fett und den Wasseranteil zu reduzieren. So bin auch ich vor-gegangen. Mit dem Inhalt des ersten Kastens habe ich dauerhaft einen Körperfettanteil im einstelligen Bereich erreicht, nachdem ich mit dem Trainingsplan aus dem zweiten Infokasten mein Gewicht von 69 in nur elf Monaten auf 93 kg steigern konnte …

||| Körpergewicht reduzieren

Abnehmen sowie schlank und fit werden können Sie, ohne viel Geld oder übermenschliche Anstrengungen investieren zu müs-sen, sofern Sie ein paar einfache Regeln beachten.

1. Möglichst viele Stoffwechselbeschleuniger konsumieren
Warum?
Weil sie praktisch ohne jede Anstrengung Pfunde purzeln lassen.

Welche Beschleuniger sind zu empfehlen?
Ankurbelnd für den Stoffwechsel wirken Kaffee, Schwarztee, Grüntee, Chili, Pfeffer, Knoblauch und Zwiebeln. Bitte kein Geld für Schlankmacher aus der Apotheke ausgeben, sondern bei dem bleiben, was Mutter Natur uns zur Verfügung stellt.

2. Dickmacher vermeiden
Alkohol, Süßes, Fettes oder Salziges sowie jegliches Fast Food sollten an nur einem Tag in der Woche, dem sogenannten Fress-tag, konsumiert werden.

Warum?
Diese Nahrungs- und Genussmittel machen dick. Sich einen Fresstag in der Woche zu erlauben, erscheint durch verschiedene Überlegungen trotzdem sinnvoll. Der erste Grund dafür ist in der menschlichen Psychologie angesiedelt: Eine zucker- und fettarme Diät ist auf diese Weise leichter durchzuhalten – praktisch unbe-

grenzt lange. Zweitens wird der Fettstoffwechsel durch den Fresstag angekurbelt. Ein weiterer Vorteil: Während der folgenden Tage mit wenig Zucker und Fett wird der Körper relativ leicht Fett abbauen. Falls Sie in Sachen Diät blutiger Anfänger sind und bisher keine wirkliche Kontrolle über Ihr Essverhalten hatten, empfehle ich für den Anfang einen „perfekten Tag" in der Woche einzurichten: einen Tag mit Bewegung, ohne Zucker, Fettbomben und Alkohol. Wenn Sie durchgehalten haben, werden Sie erkennen, wie einfach das ist. Danach sind Sie bereit für einen zweiten „perfekten Tag", einen dritten und so weiter. So können Sie es innerhalb weniger Monate auf bis zu sechs „perfekte Tage" die Woche schaffen!

3. Auf einen hohen Eiweißanteil in der Nahrung achten
Pute, Thunfisch, Harzer, Hüttenkäse und Magerquark sind Ihre Freunde.

Warum sind sie das?
Diese Nahrungsmittel machen nicht dick und helfen Ihnen, Muskeln aufzubauen. Sie beeinflussen außerdem Ihren Hormonspiegel positiv.

4. Möglichst hochwertige Kohlenhydrate konsumieren
Wählen Sie lieber Reis, Pellkartoffeln oder Nudeln statt Pommes, Kroketten oder Bratkartoffeln.

Warum?
Saubere Kohlenhydrate liefern Energie, ohne sofort für weiteres Hüftgold zu sorgen. Vom gegenwärtigen Trend vieler Ernährungsberater, die Aufnahme jeglicher Kohlenhydrate zu verteufeln, ist nichts zu halten. Ich halte mit einem kohlenhydratreichen Speiseplan seit einem Jahrzehnt einen Waschbrettbauch. Schlechte Kohlenhydrate wie Einfachzucker sowie stark fetthaltige Nahrungsmittel müssen dafür aber unbedingt mindestens sechs Tage die Woche vermieden werden.

▶

Zum Frühstück empfehle ich Haferflocken, Müsli oder Vollkornbrötchen mit fettarmem Belag, gerne auch in größeren Mengen. Das Volumen der Mahlzeiten sowie der darin enthaltene Kohlenhydratanteil sollten generell gegen Abend abnehmen. Morgens benötigt der Körper viel Energie für den Tag, abends schaden reichhaltige Mahlzeiten sowohl der Schlafqualität als auch dem Körperfettanteil. Zudem wird es nach üppigen abendlichen Mahlzeiten morgens schwieriger, anständig zu frühstücken. Ein ordentliches Frühstück ist aber unbedingt zu empfehlen! Der Körper macht in der Nacht eine Minihungersnot durch, der man am Morgen kräftig entgegenwirken sollte. Dann kommt er nicht auf die Idee, sich Fettreserven für die nächsten kargen Zeiten anzulegen. So seltsam es klingen mag: Ihr Körper soll Vertrauen in Sie aufbauen können und sich gut versorgt fühlen!

5. Viel Obst und noch mehr Gemüse konsumieren

Warum?

Äpfel, Salat und Brokkoli sind gesund und haben wenige Kalorien. Mit vielen Gemüsesorten kann man sich praktisch unbegrenzt vollstopfen, ohne zuzunehmen.

6. Viele kleinere Mahlzeiten pro Tag zu sich nehmen

Warum?

Fünf oder sechs kleine Mahlzeiten über den Tag verteilt bringen den Körper dazu, körpereigene Fettreserven aufzugeben. Wenn der Körper sich regelmäßig und ausreichend versorgt sieht, hat er Notrationen für schlechte Zeiten nicht nötig: Man nimmt ab.

7. Regelmäßig Krafttraining betreiben

Warum?

Weil sich Krafttraining in verschiedenen wissenschaftlichen Studien als ausgesprochen effiziente Waffe gegen Übergewicht herausgestellt hat. Es löst einen sogenannten Nachbrenneffekt aus: ▶

Auch an den Tagen nach dem Training wird mehr Fett verbrannt als sonst.

Wie sollte man trainieren?

Eine Anmeldung in einem teuren Fitnessstudio ist nicht unbedingt nötig, Kurzhanteln für daheim und ein zu Ihnen passender Trainingsplan können genügen – jedenfalls mit genug Disziplin!

Zwei bis drei Mal pro Woche sollte angemessen hart trainiert werden. Jeweils zwei bis drei Übungen werden an einem solchen Trainingstag durchgeführt. Drei Sätze à zehn bis 12 Wiederholungen pro Übung – falls Sie das schaffen – sind bereits völlig ausreichend. Trainieren Sie kurz und intensiv, aber ohne Ihre Gesundheit zu gefährden. Versuchen Sie nicht, möglichst schwere Hanteln zu verwenden, sondern Gewichte, mit denen Sie die Übung perfekt ausführen können. Achten Sie auf Ihre Atemtechnik: Bei der Anstrengung ausatmen, bei der Entlastung einatmen!

Beginnen Sie mit Liegestützen für die Brustmuskulatur. Zur Steigerung des Schwierigkeitsgrades sind Liegestützen auf Kurzhanteln zu empfehlen – eine Variante, die ich seit einem Jahrzehnt praktiziere. Einfach zwei Kurzhanteln auf dem Boden ausrichten und diese als Griffe verwenden. Der Weg bis zum Boden ist nun länger – drei Sätze à zehn bis 12 Wiederholungen sind auf diese Weise nicht ohne! Die Brust wird stärker gedehnt und es entstehen mehr feine Muskelrisse, die zu Muskelkater und Muskelwachstum und letztlich auch zu Fettabbau führen. Muskelkater ist durchaus ein gutes Zeichen in den Tagen nach dem Training.

Für den Rücken empfehle ich eine weitere klassische Kraftübung: Klimmzüge. Auch hierfür braucht man kein Fitnessstudio, eine Klimmzugstange ist schnell im heimischen Türrahmen installiert. Auch an Treppenstufen kann man sich hochziehen. Es gibt zwei Varianten dieser Übung: breite und enge Klimmzüge. Bei breiten Klimmzügen sind die Hände mehr als schulterbreit voneinander ▶

entfernt, die Handrücken zeigen nach hinten. Zehn bis 12 Wiederholungen breiter Klimmzüge werden Sie nur schaffen, wenn Sie wirklich fit sind – geschweige denn drei Sätze davon hintereinander! Die enge Variante ist deutlich einfacher, da der Bizeps bei der Arbeit hilft. Die Hände sind dabei nicht besonders weit voneinander entfernt und die Handrücken zeigen nach vorne.

Für die Beine und das Hinterteil empfehle ich Kniebeugen. Auch ohne zusätzliche Gewichte handelt es sich dabei um eine gute und athletische Übung. Die Oberschenkel und Gesäßmuskeln sind große Muskelgruppen, die durch Kniebeugen optimal trainiert werden. Wie bereits einige Seiten zuvor erwähnt, zieht das männliche Hinterteil durchaus häufig weibliche Blicke und ein gewisses Interesse auf sich – folglich sollte es möglichst gewissenhaft trainiert werden! Bei dieser Übung sollten Sie nach kurzer Zeit deutlich mehr als zehn bis 12 Wiederholungen pro Satz durchführen können.

Der Bizeps ist der Armbeuger. Für das Bizepstraining bieten sich die sogenannten Bizepscurls mit Kurzhanteln an: Dazu im Stehen die Arme abwechselnd strecken und beugen. Drei Sätze mit jeweils zehn bis 12 Wiederholungen links und rechts sind bei dieser Übung wie bei fast allen anderen völlig ausreichend.

Der Trizeps ist der Gegenspieler des Bizepses, der den Ellenbogen streckt. Ein gut trainierter Trizeps erzeugt männlich-breite Oberarme. Trizepsdrücken mit einer Kurzhantel bietet sich zu dessen Ausformung an: Dabei im Stehen oder Sitzen die Hantel Richtung Nacken ablassen und den Arm danach wieder Richtung Decke durchstrecken, während die andere Hand den Ellenbogen des ausführenden Arms stützen kann. Die in der folgenden Illustration dargestellte Übung sollte links und rechts abwechselnd mit jeweils drei Mal zehn bis 12 Wiederholungen durchgeführt werden.

▶

Für männliche Oberarme: Trizepsdrücken.

Für das Schultertraining empfiehlt sich das Seitheben. Benutzt werden dafür Hanteln, die deutlich weniger Gewicht aufweisen als die für Bizepscurls. Mit diesen relativ leichten Hanteln in der Hand werden die Arme seitlich vom Körper weggestreckt und bis in den in den 90-Grad-Winkel zum Körper gebracht. Währenddessen wird ausgeatmet. Zur Schonung des Schultergelenks dürfen die Arme am höchsten Punkt die horizontale Position nicht überschreiten. Danach wird langsam abgelassen und eingeatmet. Drei Sätze mit jeweils zehn bis 12 Wiederholungen pro Schulter sind optimal.

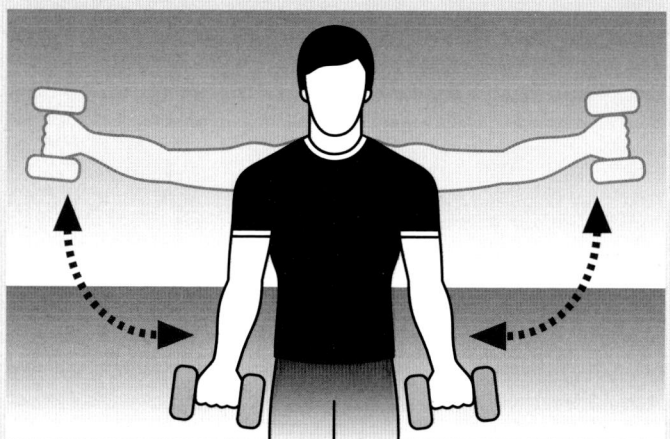

Trainiert die Schultern: Seitheben.

Der Bauch sollte mindestens ein Mal pro Woche mit Situps, Crunches oder Klappmessern bearbeitet werden. Auch das sogenannte Fahrradfahren bietet sich an, eine Bauchübung, bei der auf dem Rücken liegend die Beine kreisförmig in der Luft bewegt werden – wie auf einem Drahtesel. Die Hauptarbeit übernimmt dabei der Bauch, auf den Sie sich währenddessen konzentrieren sollten. Fahrrad fahren sollten Sie je nach persönlichem Fitnesszustand bis zu mehrere Minuten am Stück betreiben, damit es optimale Ergebnisse bringt. Mit einiger Übung empfehle ich drei Sätze à drei Minuten.

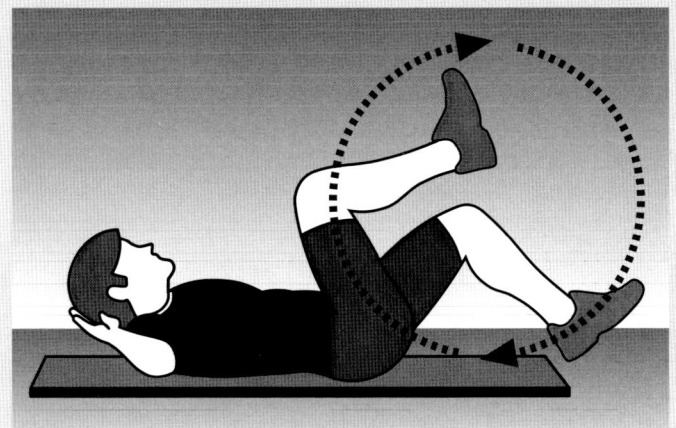

Für den Bauch: Fahrrad fahren.

Der Infokasten zur Gewichtszunahme illustriert eine weitere Übung, die für einen trainierten Bauch wärmstens zu empfehlen ist.

8. Regelmäßig Ausdauersport betreiben

Warum?

Weil Ausdauersportarten eine gute Ergänzung zum Krafttraining sind und fit und gesund halten. Eine halbe Stunde Joggen, 60 Minuten Radfahren oder einige Bahnen Schwimmen empfehle ich zwei- bis dreimal pro Woche. Fordern Sie sich, ohne sich zu überfordern. Laufen, radeln und schwimmen sollten Sie mit Spaß am Sport und nicht, weil Sie sich gezwungen fühlen. Ein weiterer Fitnesstipp: Boxen und andere Kampfsportarten betreiben – unglaublich anstrengend, gut für die Haltung und das Selbstvertrauen.

9. Viel schlafen

Warum?

Während man schläft, isst man nichts. Außerdem beeinflusst wenig Schlaf bestimmte Hormone so ungünstig, dass die Weichen zur Entwicklung von Übergewicht gestellt werden.

Wie viel Schlaf ist nötig?

Acht Stunden und mehr im Durchschnitt und ein fester Rhythmus sind eine gute Grundlage für die Gewichtsreduktion.

10. Auf eine gerade Haltung achten

Warum?

Ein gerader Rücken führt zu einer schlankeren Taille. Außerdem verhindert eine gute Körperhaltung, dass der Bauch herausgedrückt wird. Neuere Studien besagen zudem, dass eine gestreckte Körperhaltung eine positive Wirkung auf die Hormonkonzentration im Körper hat. Der Blutgehalt an Testosteron wird in die Höhe getrieben, während die Konzentration des Stresshormons Cortisol im Körper abnimmt. In den Studien wurde belegt, dass ein längeres Verharren in gekrümmter Position einen exakt gegenteiligen Effekt hat: Der Testosteronspiegel sinkt, während vermehrt Cortisol ausgeschüttet wird. Da möglichst viel Testosteron und möglichst wenig Cortisol für ein erfolgreiches Abnehmen ausgesprochen wichtig sind, ist dringend anzuraten, den Rücken aufzurichten.

Wie?

Die eigene Haltung sollte regelmäßig im Spiegel kontrolliert und gegebenenfalls korrigiert werden. Eine ständige leichte Spannung in den Bauchmuskeln ist vorteilhaft. Krafttraining und Sport im Allgemeinen bauen den Rücken auf. Dafür besonders zu empfehlen sind Boxen und andere Kampfsportarten.

11. Regelmäßiges Kontrollieren des eigenen Gewichts

Warum?

Weil nur so effektive Zielsetzung betrieben werden kann und Zusammenhänge zwischen Verhalten und Reaktion des Körpers erkannt werden können.

Wie?

Realistische, motivierende Gewichtsziele setzen und bei Zunahme und Abnahme Ursachenforschung betreiben. So macht man wertvolle Erfahrungen und lernt, was sich gut und was sich schlecht auswirkt auf die Entwicklung des eigenen Körpergewichts.

12. Ein Gefühl für den eigenen Körper entwickeln

Warum?

Besitzer von Waschbrettbäuchen haben in der Vergangenheit meist nicht nur viel Sport getrieben und Disziplin beim Essen bewiesen, sondern auch ein gutes Gefühl für ihren Körper entwickelt. Sie kennen ihn gut und haben gelernt, ihn zu steuern und zu formen.

Wie?

Beschäftigen Sie sich mit Ihrem Körper, begreifen Sie ihn als System und versuchen Sie seine Reaktionen auf Umwelteinflüsse zu verstehen.

Zusammenfassung

Wenn Sie Ihren Körper durch Sport regelmäßig fordern und ihn außerdem durch vernünftige Ernährung angemessen versorgen, wird er es Ihnen nach gewisser Zeit durch einen härteren Bauch und ein geringeres Gewicht danken.

Übrigens hängt beides direkt zusammen. Einen harten Bauch kann man nicht ohne eine Reduzierung des gesamten Körperfettanteils und Körpergewichts erreichen. Die viel zitierte „lokale Fettverbrennung" ist ein Mythos.

Auch der nachfolgende Infokasten enthält Informationen, die auf
dem Weg zu einem Körper nach Wunsch helfen können – auch
bei einem eher hohen BMI.

||| **Körpergewicht erhöhen**

Masse- und Muskelaufbau fällt vielen von uns alles andere als
leicht. Vor allem Männer mit einem BMI von unter 20 müssen
harte Arbeit investieren, um zu einer männlicheren Figur zu kommen. Ich kann ein Lied davon singen ...

Dennoch gibt es mit Sicherheit schlimmere Schicksale, als zu
dünn zu sein. Schlanke dürfen nämlich im Gegensatz zu anderen
Menschen essen, was sie wollen. Ein Luxus, für den so manch
fettgeplagter Zeitgenosse seine eigene Großmutter verkaufen
würde.

Bei einem BMI von unter 20 dürfen Männer allerdings nicht nur
essen, was sie wollen – vielmehr sollten sie essen, so viel sie
können. Sofern sie als Ausgleich ein intelligentes, auf sie zuge-
schnittenes Sportprogramm absolvieren.

Ein solches Sportprogramm sollte zum Großteil aus Training mit
Gewichten bestehen. Ausdauersportarten sollten nur eine unbe-
deutende Rolle spielen, sie sorgen für zu großen Masseverlust.
Die Anmeldung im Fitnessstudio ist für einen konsequenten Muskelaufbau zu empfehlen, ebenso wie eine möglichst weitreichende Ausrichtung des Lebens auf regelmäßiges Essen und
Training sowie ausreichend, aber nicht zu viel Schlaf. Ein Tage-
buch über Trainingseinheiten, Übungen und Gewichtsentwicklung
zu führen kann sehr nützlich sein. Ein Trainingspartner ist für
manche Übungen nicht nur empfehlenswert, sondern fast unerlässlich.

▶

Mit Untergewicht sollte man im Übrigen höchstens drei Mal die Woche das Studio aufsuchen und dort möglichst kurz und heftig arbeiten. Stundenlanges Training verbrennt zu viele Kalorien, Fett und sogar Muskelmasse. Deshalb bringt es unter dem Strich weniger Massezuwachs als ein schnelles, hartes Programm mit relativ hohen Gewichten und eher wenigen Wiederholungen innerhalb eines Satzes.

Masseaufbau sollte oberste Priorität für eher untergewichtige Männer haben – vor allen anderen möglichen Zielen, die erst danach effektiv angegangen werden können!

Wünscht sich beispielsweise ein eher dünner Mann eine volle Brust und einen Waschbrettbauch, muss er zuerst richtig Masse aufbauen – circa zehn oder 20 kg. Diese Masse kann natürlich nicht nur aus Muskeln bestehen, Fett ist zwangsläufig mit dabei. Nach dieser Massephase, die unter Umständen jahrelang dauern kann, ist eine komplette Umstellung nötig: Es beginnt die Diätphase und das Ziel, ein Sixpack zu erlangen. Fett und Wasser werden abgezogen, die Art der Ernährung spielt jetzt eine noch wichtigere Rolle als vorher (siehe Infokasten „Körpergewicht reduzieren").

Für viele Männer führt der Weg zu einem Waschbrettbauch also über den Umweg eines zeitweise dickeren Bauchs!

Ein guter Trainingsplan sollte aus drei festgelegten Tagen in der Woche bestehen, beispielsweise Montag, Mittwoch und Freitag. Nach einer ruhigeren Eingewöhnungsphase von unter Umständen mehreren Wochen nach der Anmeldung im Fitnessstudio, die Übertraining und Verletzungen vermeiden soll, dürfen Sie richtig loslegen.

Mit dem folgenden Plan habe ich fast 25 kg in weniger als einem Jahr zugelegt – von 69 auf 93 kg bei einer Größe von 1,86 m. ▶

Montag	Mittwoch	Freitag
Bauch (1 Übung)	Bauch (1 Übung)	Bauch (1 Übung)
Brust (2 Übungen)	Rücken (2 Übungen)	Schulter (1 Übung)
Trizeps (1 Übung)	Bizeps (1 Übung)	Beine (2 Übungen)

Beispiel für einen Trainingsplan.

Jedem Trainingstag in der Woche ist ein festgelegtes Programm verschiedener Muskelgruppen zugeteilt. Montags sollen die Muskelgruppen Brust, Trizeps und Bauch „malträtiert" werden, mittwochs kommen Rücken, Bizeps und Bauch an die Reihe und den Abschluss der Woche bilden Schultern, Beine und Bauch am Freitag.

Es ist darauf zu achten, so wenige Geräte und so viele Freihanteln und freie Übungen wie möglich ins Training zu integrieren. Fitnessgeräte taugen eher wenig für den reinen Masseaufbau, nur ehrliche Arbeit mit schweren, freien Hanteln lässt effektiv Masse entstehen.

Meiner Auffassung nach ist zu empfehlen, zum Aufwärmen in jeder Trainingseinheit eine Übung – also drei Sätze – Bauch zu trainieren. Große Muskelgruppen wie Brust, Rücken und Beine werden mit zwei Übungen à drei Sätze bearbeitet, kleine Muskelgruppen wie Schultern, Bizeps und Trizeps mit einer Übung à drei Sätze.

Mindestens ein Aufwärmsatz pro Übung darf allerdings nicht vergessen werden, danach wird immer bis zum Muskelversagen trainiert. Ohne Schweiß und Brennen in den Muskeln tut sich nichts – „no pain, no gain"!

Begonnen wird grundsätzlich immer mit der größeren Muskel-gruppe. Die jeweilige Wiederholungszahl eines Satzes können Sie je nach bearbeiteter Muskelgruppe variieren, allgemein gelten jedoch eher wenige Wiederholungen als sinnvoll zum Masseauf-bau. Mit sechs bis zehn Wiederholungen pro Satz liegen Sie grundsätzlich richtig.

Sämtliche Übungen sollten spätestens nach einigen Wochen oder Monaten variiert oder ganz ausgetauscht werden, um die Gewöh-nung des Körpers an bestimmte Übungen zu vermeiden. Erfolg-reicher Muskelaufbau gelingt nur durch das ständige Überraschen des eigenen Körpers, um immer wieder möglichst intensiven Mus-kelkater zu erzeugen. Muskelkater an den trainingsfreien Tagen ist zugegebenermaßen nicht alles, darf aber als wichtiger Indika-tor für wirkungsvolles Training angesehen werden.

Bei Fragen zur korrekten Ausführung der Übungen empfiehlt sich immer, den Fitnesstrainer Ihres Vertrauens in Ihrem Studio zurate zu ziehen.

Montag: Brust und Trizeps

Brust und Trizeps sollten einen gemeinsamen Trainingstag bilden, da die Brust nicht ohne Trizepsarbeit separat trainiert werden kann. So wird beispielsweise bei der mit Abstand wichtigsten Brustübung, dem Bankdrücken, der Trizeps automatisch mit in die Pflicht genommen. Brust und Trizeps stellen außerdem die wahrscheinlich wichtigsten Muskelgruppen für den Mann dar, bieten hinsichtlich der Übungen den höchsten Spaßfaktor und somit alle Voraussetzungen, einen motivierten Trainingstag am Wochenanfang zu erleben. Nach den obligatorischen Sätzen Bauch an einer Maschine oder Beinheben an einer Klimmzug-stange werden am Brusttag also zwei Übungen Brust und eine Übung Trizeps trainiert.

▶

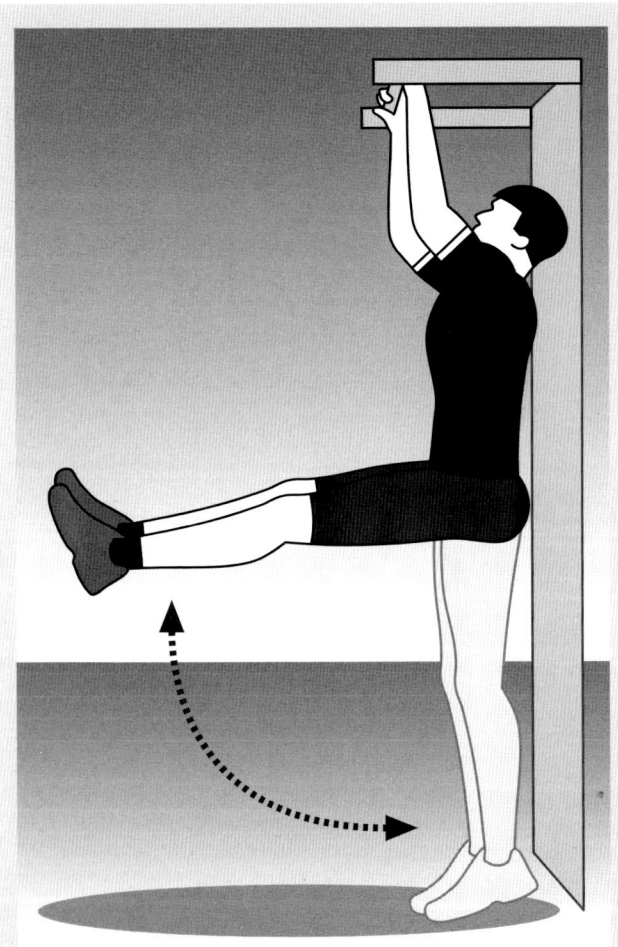

Beinheben an einer Klimmzugstange.

Sie beginnen Ihre Trainingseinheit mit einer der effektivsten Übungen für starke Bauchmuskulatur: An einer Klimmzugstange oder daran angebrachten Lederschlaufen hängend heben sie pro Satz zehn Mal die Beine bis zum 90-Grad-Winkel, während Sie den Rücken dabei gerade lassen und möglichst wenig schwingen. Wie immer gilt: Bei der Anstrengung ausatmen, bei der Entlastung einatmen. Werden die Beine gehoben – ausatmen, werden sie gesenkt – einatmen.

Das Brusttraining wird dann am besten mit drei Sätzen Flachbankdrücken eröffnet, da diese Übung hohe Motivation durch gute Vergleichbarkeit mit den Leistungen von letzter Woche und Trainingspartnern mit sich bringt. Außerdem sorgt sie für starkes Muskelwachstum.

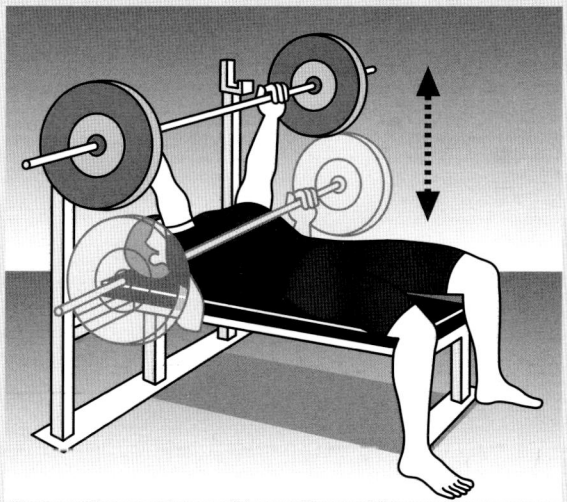

Eröffnet das Brusttraining: Flachbankdrücken.

Wählen Sie ein hohes, aber nicht zu hohes Gewicht und führen Sie die Langhantel bis auf die Brust herunter, bevor Sie sie wieder nach oben stoßen. Ein Trainingspartner kann Ihnen helfen, die Hantel aufzunehmen und wieder abzulegen.

Danach sollte eine Übung wie Fliegen auf der Flachbank durchgeführt werden, die völlig andere Bereiche der Brust fordert.

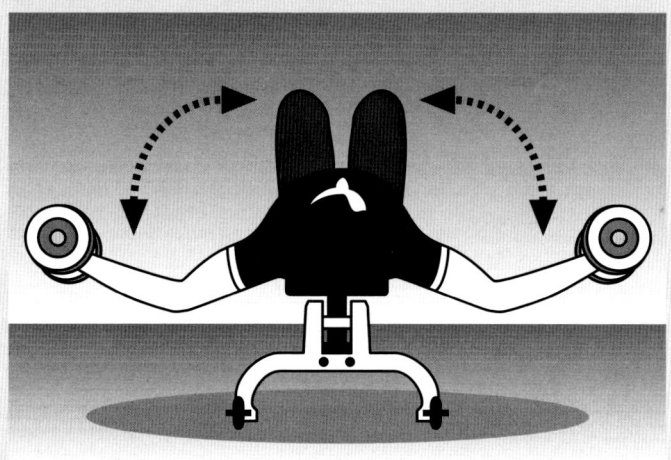

Gibt der Brust den Rest: Fliegen.

Fliegen heißt, mit stets leicht angewinkelten Armen auf einer Flachbank relativ leichte Kurzhanteln im 90-Grad-Winkel zum Körper nach hinten abzusenken und wieder hoch zu drücken, bis sie sich vor der Brust fast wieder berühren.

Drei Sätze dieser Übung sollten Ihrer Brust den Rest geben und Sie sich auf das Trizepstraining freuen lassen.

Am besten eignet sich für die Entwicklung der Trizepsmasse das sogenannte Trizepsdrücken. Diese Übung kann auf verschiedene Arten durchgeführt werden.

Die Variante im Stehen mit einer Kurzhantel wurde bereits im Infokasten zur Gewichtsreduktion illustriert und ist für jeden Mann empfehlenswert – der Körperbau oder der Fettanteil sind dabei völlig unerheblich. Auf einer Bank im Fitnessstudio ist die Ausführung auch im Sitzen, Liegen oder aufgestützt möglich. Sowohl Kurzhanteln als auch eine Langhantel eignen sich für diese Übung. So oder so sollten Sie nach drei Sätzen reif für eine Dusche sein.

Mittwoch: Rücken und Bizeps

Mittwochs sollte Ihr Muskelkater in Brust und Trizeps Sie nicht daran hindern, nach ein paar Sätzen Bauch das Thema Rücken und Bizeps hoch motiviert anzugehen. Rückentraining ist nicht nur zum Erreichen der viel gepriesenen V-Form sehr wichtig, sondern auch gut für die Haltung und hilfreich gegen Rückenschmerzen.

Beginnen Sie mit drei Sätzen von breiten Klimmzügen, nachdem Sie sich mit Bauchtraining warm gemacht haben. Diese klassische Übung wird Ihnen das größte Muskelwachstum bringen, das Sie am Rücken erreichen können. Sollten breite Klimmzüge für den Anfang zu schwer sein, tut es auch die enge Variante. Beide wurden bereits im vorherigen Infokasten zur Gewichtsabnahme beschrieben.

Als zweite Rückenübung empfiehlt sich zum Beispiel das Rudern mit Kurzhanteln oder auch das Rudern an einer Maschine.

▶

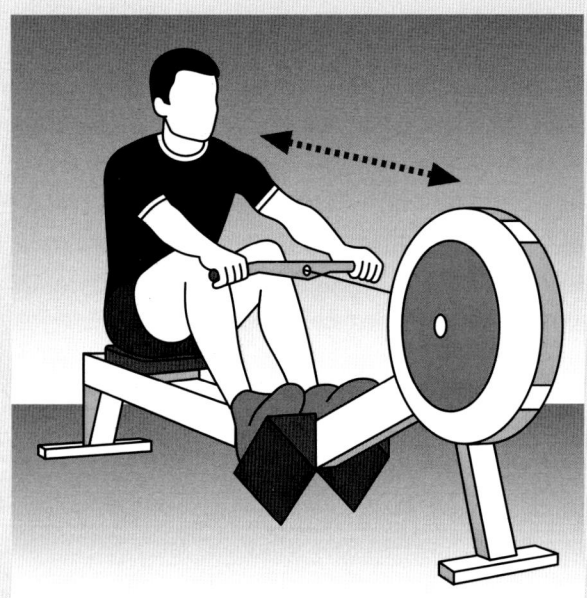

Rudern an einer Maschine.

Bei dieser Übung sollte der Rücken gerade bleiben, bewegen sollten sich hauptsächlich Schultern und Arme. Ziehen Sie den Griff
der Maschine bis zur Brust, atmen Sie dabei aus, danach ein und
strecken Sie die Arme fast durch. Zehn Wiederholungen pro Satz
sollten mindestens durchgeführt werden.

Um das größtmögliche Wachstum des Bizepses zu erzeugen, sollten Sie auf das Training mit der Langhantel oder mit Kurzhanteln
zurückgreifen und Bizepsmaschinen weitgehend meiden. Bizepscurls trainieren den Armbeuger optimal und wurden bereits im
Infokasten „Körpergewicht reduzieren" erklärt.

▶

Freitag: Schultern und Beine

Schultern und Beine am Freitag – dieser Tag wird mit hoher Wahrscheinlichkeit nicht Ihr Lieblingstag, denn vor allem das Beintraining hat es in sich. Nach den obligatorischen Sätzen Bauchtraining sollten Sie mit der Schulterübung beginnen, obwohl die Schultermuskeln kleiner als die Beinmuskeln sind. Die Begründung für diese Reihenfolge liefert das Beintraining: Es ist so anstrengend, dass Sie danach kaum noch Energie für ein gutes Schultertraining haben werden!

Gute Übungen für die Schultern sind Seitheben, Nackendrücken und Frontheben. Legen Sie Wert auf die Ausführung, statt darauf, möglichst viel Gewicht zu benutzen. Seitheben wurde bereits im Infokasten zuvor grafisch dargestellt und erklärt.

Danach folgt das Beintraining. Vor allem bei der ersten Übung Kniebeugen ist es wichtig, am Anfang nur moderat Gewicht aufzulegen, da sonst Verletzungen sehr wahrscheinlich sind. Erst mit einiger Übung dürfen Sie an die Langhantelstange, die Sie bei dieser Übung im Nacken tragen, ordentlich Gewichte hängen. Alternativ zu Kniebeugen kann übrigens die Beinpresse genutzt werden, die in jedem Fitnessstudio vorhanden und für den Anfänger zu empfehlen ist.

Als zweite Beinübung sollte eine Wadenmaschine benutzt werden. Ein Training an der Maschine kann im Fall der Unterschenkel nämlich durchaus effektiv sein. Dabei wird meist ein Bügel mit Gewichten auf die Knie gelegt, der mit den Waden nach oben gestemmt werden muss. Für optimale Ergebnisse sollten Sie die Schuhe dafür ausziehen. Führen Sie mindestens zehn Wiederholungen durch.

Fast wichtiger als das Training ist die Ernährung. Grundsätzlich ist es bei einem zu niedrigen BMI eher sekundär, was man isst,

▶

solange man immer so viel isst, wie man kann. Und das bei jeder einzelnen Mahlzeit des Tages!

Versuchen Sie unter anderem, möglichst viel hochwertige, also langkettige Kohlenhydrate zu konsumieren, beispielsweise Kartoffeln, Reis und Pasta. Dazu große Mengen an hochwertigem Eiweiß, zum Beispiel aus Hühnerfleisch, Rind und Fisch. Hauen Sie ruhig richtig rein! Und 3,5%-Vollmilch sollten Sie täglich eher liter- statt gläserweise zu sich nehmen ...

Fazit:

Bei einem BMI von unter 20 sollten Sie Ihr Leben darauf ausrichten, mindestens drei Mal die Woche hart zu trainieren und fünf Mal am Tag möglichst viel zu essen. Ausgeprägter Muskelaufbau ist sonst kaum möglich.

Vom Gewicht unabhängig sind die Ratschläge, lange Pausen zwischen den Mahlzeiten sowie Drogen, Alkohol und Zigaretten möglichst zu meiden und mindestens zwei Liter Wasser pro Tag zu konsumieren.

Zum Abschluss dieses Abschnitts möchte ich noch gesondert hinweisen auf die besondere psychosomatische Beziehung zwischen Geist und Körper, Psyche und Soma. Manche behaupten, am Körper ist ablesbar, womit der Geist sich befasst. Vielleicht lohnt es sich, darüber einmal nachzudenken ...

Erzeugung von Wert hinsichtlich Persönlichkeit

Zur Persönlichkeit – der zweiten Dimension des männlichen Überlebenswerts – zählen Facetten wie

- Offenheit für neue Erfahrungen
- eine Vision zu haben
- Lust am Leben zu versprühen
- die Fähigkeit, geliebte Menschen zu beschützen
- ein interessantes Leben
- spannende Hobbys

Im Unterschied zur Dimension Stil & Körperpflege ist es für die Erzeugung von Wert durch die eigene Persönlichkeit ausgesprochen wichtig, dass dieser Wert auch bei der Zielperson ankommt. Modesünden oder Schweißgeruch werden zwangsläufig sofort wahrgenommen, bei der Persönlichkeit ist das meist etwas anders: Viele Facetten einer Persönlichkeit müssen mitgeteilt und aktiv offenbart werden, ansonsten werden sie vom Gegenüber nicht registriert. Folglich müssen Äußerungen getätigt werden, die den Transport dieses Wertes zur Zielperson übernehmen.

Werterzeugende Geschichten, die indirekt die eigene Persönlichkeit oder auch andere Bestandteile von Wert charakterisieren, sollten authentisch rüberkommen und zur Persönlichkeit des Erzählers passen. Im Klartext: Sie sollten nicht erfunden sein. Viele Frauen riechen erfundene Geschichten sehr schnell. Bei exzessivem Gebrauch von Räuberpistolen bitte deshalb nicht wundern, dass der daraus resultierende Erfolg in der Mehrzahl der Fälle nicht nachhaltig ist. Auch das Kopieren von Anekdoten anderer Leute ist schädlich. Früher oder später kommt alles ans Licht. Vertrauen Sie lieber auf Geschichten, die Ihr Leben geschrieben hat. Das Gefühl, das sie beim Gegenüber erzeugen, wird Sie sehr viel weiterbringen als das Schmücken mit fremden Federn. Auf sich selbst zu vertrauen und die daraus resultierende Glaubwürdigkeit hat einen größeren positiven Effekt, als es eine erfundene Geschichte jemals haben kann. Authentische Coolness ist das Stichwort.

Generell gilt: Zusammenpassende Persönlichkeit, Optik, Handeln und verbale Äußerungen bilden den Grundstein dauerhaften Erfolgs beim weiblichen Geschlecht. All diese Bereiche in Einklang zu bringen, dabei soll Ihnen dieses Buch helfen.

Das Erfinden irgendwelcher Storys, um die eigene Persönlichkeit „anzuzuckern" und so einen hohen Wert in den Augen einer Frau zu erlangen, ist schlicht unnötig. Jeder Mann hat in seinem Leben genug spannende Dinge erlebt, die ihm Handeln gemäß seiner Persönlichkeitsstruktur abverlangt haben und die eine gute Geschichte ergeben. Extremsituationen, Unfälle und Kuriositäten jeglicher Art, Tage, an denen man sich einfach als Mann beweisen musste – nach etwas Nachdenken sollten solche Geschichten jedem einfallen. Jedes Leben ist interessant, es müssen nur die richtigen Teile beleuchtet werden!

Nun ist das Darstellen der eigenen Persönlichkeit durch Erzählungen ein sensibles Thema. Es gehört Fingerspitzengefühl dazu, damit solche Versuche, Wert zu erzeugen, nicht prahlerisch wirken und nach hinten losgehen. Qualität ist also gefragt. Allerdings ist auch die Quantität kriegsentscheidend: Die wenigsten Frauen mögen Männer, die zu viel von sich erzählen und sie mit dem Holzhammer auf ihre Qualitäten hinweisen. Wie so oft beim Thema Verführung und im restlichen Leben ist es der goldene Mittelweg, der hier zielführend ist.

Konversationen sollten immer in ausgeglichenem Verhältnis von beiden Beteiligten am Leben erhalten werden. Es ist ungünstig, in einem Gespräch mit einer Frau deutlich mehr zu reden als sie. Die Person, die weitaus mehr Gesprächsanteile hat, versucht sich zu qualifizieren und läuft Gefahr, sich dem anderen aufzudrängen. Dies kann sinkendes Interesse des Gesprächspartners zur Folge haben. Wir wollen uns niemandem aufdrängen. Eher sollte die Gesprächspartnerin dazu gebracht werden, sich qualifizieren zu wollen. Sie soll das Bedürfnis verspüren, sich von ihrer besten Seite zu präsentieren!

Die Art, wie Geschichten und Anekdoten erzählt werden, ist entscheidend dafür, ob die angepeilten Ziele erreicht werden. Geschichten sollten auf spannende und humorige Art und Weise erzählt werden. Ein guter Schuss Selbstironie macht die Sache rund und entwaffnend, ein ausreichendes Maß an eigener Begeisterung überträgt sich auf die Zuhörer.

Die Erzeugung von Wert hinsichtlich Persönlichkeit besteht nur zur Hälfte aus dem Erzählen irgendwelcher Geschichten, in denen der Erzähler gut da steht: Diese Geschichten müssen mit Ihrer Persönlichkeit harmonieren und – wie oben erwähnt – glaubhaft sein, sie sollten also auf Tatsachen beruhen! Außerdem müssen die dargestellten Persönlichkeitsfaktoren auch gelebt und demonstriert werden. Dieses Belegen der eigenen Persönlichkeit durch entsprechendes Verhalten ist unersetzlich. Passen Geschichten und eigenes Verhalten nicht zusammen, droht ein wertmäßiger Absturz. Die Ohrenzeugin wird den Erzähler für einen Schwätzer halten. Dieser Eindruck kann innerhalb von Sekunden geschehen, ist praktisch unumkehrbar und sollte unter allen Umständen verhindert werden!

Kommen wir zu den einzelnen Teilen der Persönlichkeit, die wir in entsprechenden Anekdoten, Bemerkungen und Geschichten sowie in unserem Handeln darstellen wollen.

Da wäre als Erstes der Persönlichkeitsfaktor Offenheit zu nennen. Offenheit für neue Erfahrungen und das Kennenlernen neuer Leute ist damit beispielsweise gemeint. Mit dieser Eigenschaft steht und fällt viel, Offenheit für Neues muss tatsächlich gelebt werden – schließlich kommen nur soziale Menschen überhaupt in den Genuss von Gesprächen mit ihren Mitmenschen! Ein sozial ausgerichtetes Leben zu führen wirkt zudem an sich schon attraktiv auf Frauen. Geselligkeit sollte sich also sowohl im Verhalten als auch in erzählten Anekdoten ausdrücken, um diese Facette Ihrer Persönlichkeit zu beleuchten. Falls Sie bisher das Leben eines Einsiedlers geführt, sich bei einem Klingeln an der Haustür tot gestellt und außer Mutti die restliche Menschheit ignoriert haben, wird es Zeit, Dinge zu ändern. Um Erfolg bei Frauen zu haben, sollten die eigenen vier Wände zumindest vorübergehend verlassen werden …

Eine Vision und Ziele im Leben zu haben charakterisiert einen für das weibliche Geschlecht attraktiven Persönlichkeitsaspekt. Ein echter Mann hat Ziele und verfolgt sie. Hat er sich ein Ziel gesetzt, bleibt er auf dem eingeschlagenen Weg, solange er von ihm überzeugt ist. Er trifft Entscheidungen und weicht nicht aus, wenn ihm Gegenwind oder gar ein Sturm entgegenbläst. Jedoch hinterfragt er sein Handeln ständig und kann sich gegebenenfalls vom Gegenteil überzeugen lassen – schließlich ist er lernfähig und weder blind noch beratungsresistent!

Was haben Sie für Ziele im Leben? Falls Sie keine haben, wird es höchste Zeit, sich welche zu setzen. Ihre Ziele sollten weder zu hoch sein noch zu leicht zu erreichen. Sie sollten ehrgeizig, aber realistisch sein und auf diese Weise motivierendes Potenzial haben. Arbeiten Sie bei der Erreichung Ihrer Ziele weniger an einem stimmigen Verhältnis zu sich selbst, arbeiten Sie mehr an einem stimmigen Verhältnis zu dem, was Sie werden wollen. Wo sehen Sie sich in drei Jahren? Oder in fünf? Nicht nur in Vorstellungsgesprächen sollte man auf diese Fragen eine Antwort haben, sondern auch bei der Unterhaltung mit der vermeintlichen Traumfrau. Eine Vision von sich selbst in der Zukunft zu haben, legt den Grundstein dafür, Dinge zu erreichen, die heute noch kaum möglich erscheinen – abgesehen davon, dass es dem weiblichen Geschlecht imponiert! Dem eigenen Selbstbild kommt dabei besondere Bedeutung zu, ist es doch eine der stärksten Kraftquellen im Unbewussten. Wichtig ist also, sowohl Ziele zu haben als auch der Frau diese Ziele mitzuteilen.

Mindestens ein Ziel im Leben sollte sich direkt oder indirekt mit dem Thema Glück befassen. Die Bedeutung der Erreichung von materiellen Lebenszielen – wie zum Beispiel das der finanziellen Abgesichertheit – wird durch die heutige Glücksforschung relativiert. Glücklich machende Momente sind hauptsächlich die, in denen wir gar nicht bewusst nach Glück streben.

Glücklich macht nicht zuletzt ein bestimmter Zustand, den die Psychologie „Flow" nennt. In diesem Zustand gehen wir in einer fordernden, aber nicht überfordernden Tätigkeit völlig auf, machen uns keinerlei Sorgen und werden nur noch unvollständig vom Verstand kontrolliert. Wie ein spielendes Kind vergessen wir die Zeit und befinden uns in völliger Harmonie mit uns selbst. Wir leben in diesen Momenten vollkommen in der Gegenwart und verschwenden keinen Gedanke daran, was vorher war oder was bevorsteht. Dieses vollkommen in der Gegenwart leben heißt auch, es kann keine Angst existieren – Fragen wie „Was könnte passieren?" oder „Was ist früher passiert?" spielen schlicht keine Rolle. Einen Flow-Zustand möglichst häufig bei der Arbeit und im Privatleben zu erreichen, erhöht das subjektiv empfundene Level an Glück im Leben.

Lust am Leben ist eine nicht zu unterschätzende Facette einer für Frauen attraktiven Persönlichkeit. Frauen suchen nach einem Partner, der der Welt mit einem Lächeln entgegentritt und sich und sein Leben mag. Jemanden, der ihnen Spaß bringt. Frauen zu ermöglichen, eine gute Zeit zu haben, ist ausgesprochen sinnvoll. Dieses wiederholt gute Gefühl verbindet sich im Kopf der Frau irgendwann mit der Persönlichkeit des Mannes, und das Verlangen nach weiteren gemeinsamen Stunden steigt. Dafür hilfreich sind eine generell positive Erwartungshaltung des Mannes, Optimismus und Enthusiasmus sowie positive Selbstachtung. Ein unerschütterlicher, weil tief im Innern fest verankerter Selbstwert ohne besondere Abhängigkeit von anderen ist der Schlüssel. Bewusstes Leben im Jetzt ist dafür mehr als hilfreich.

Dazu passt folgendes Zitat:

> *„Den Augenblick immer als den höchsten Brennpunkt der*
> *Existenz, auf den die ganze Vergangenheit nur vorbereitete,*
> *ansehen und genießen, das würde Leben heißen.“*
>
> Friedrich Hebbel

Die Fähigkeit, geliebte Menschen zu beschützen, appelliert ganz besonders an den weiblichen Sinn für den männlichen Überlebenswert. Eine Geschichte, die mehr oder weniger beiläufig – also nicht plump – mitteilt, wie man seine beste Freundin, seine Schwester oder Exfreundin vor einer drohenden Gefahr beschützt hat, lässt den eigenen Persönlichkeitswert steigen. Unweigerlich wird sich Ihre Zuhörerin in die Person Ihrer Geschichte hineinversetzen, schließlich könnte auch sie eines Tages an ihrer Stelle sein und Ihre Hilfe brauchen. Sie wird auf diese Weise leicht Vertrauen zu Ihnen aufbauen können.

Vom eigenen, interessanten Leben zu erzählen, ist häufig nötig, weil es ohne entsprechende Hinweise niemand erahnen kann, dass man über ein ebensolches verfügt. Wie bereits erwähnt, ist jedes Leben interessant, es müssen nur die richtigen Teile ausgegraben werden. Zu diesem Thema ist es durchaus ratsam, sich in einer ruhigen Minute im stillen Kämmerlein an spektakuläre und erzählenswerte Erlebnisse und Aktionen zu erinnern. Geschichten, die das eigene Leben charakterisieren und sich möglicherweise für ein Zwiegespräch mit einer attraktiven Gesprächspartnerin eignen könnten.

Nun ist auch bei dieser Persönlichkeitsfacette das Erzählen nur die halbe Miete: Ein interessantes Leben muss tatsächlich gelebt und früher oder später auch der Frau *vorgelebt* werden. Ein solches Leben zu führen ist für Frauen bei einem Mann übrigens attraktiver als die lockersten Sprüche und das höchste Selbstvertrauen.

Coole Hobbys sind extrem hilfreich, um Frauen zu beeindrucken. Nun betreibt bekanntermaßen nicht jeder Mann Kitesurfing oder Kunstflug. Die Kunst ist, auch seine auf dem Papier vielleicht weniger spektakulären Hobbys gut zu verkaufen und sich auf die spannenden Bestandteile seiner Hobbys zu beschränken. Was für das Leben gilt, lässt sich auch auf Hobbys übertragen: Fast jede Freizeitbeschäftigung ist spannend, man muss nur die richtigen Teile beleuchten und diese gut verkaufen. Falls Sie keine Hobbys haben, so legen Sie sich bitte schleunigst welche zu: Männer, die zwischen Bett und Couch hin und her pendeln, kommen eher selten bei den Ladys zum Zug …

Erzeugung von Wert hinsichtlich Status

Job, Geld, Bildung und Freunde sind die Bestandteile von männlichem Wert durch Status. Größere Defizite in Sachen gesellschaftlicher Stand sind fast immer Defizite im Leben und müssen dringend ausgemerzt werden. Dies ist als Aufforderung zu verstehen, ständig Selbstverbesserung zu betreiben und nach Höherem zu streben – beruflich wie privat. Haben Sie den Willen, beharrlich an sich zu arbeiten und Leben als ständigen Verbesserungsprozess zu begreifen! Als mittelloser, arbeitsloser Schulabbrecher ohne Freunde läuft es meist weder im Leben noch bei den Frauen so richtig rund …

Wenn Sie Ihre Stärken und Ihre Schwächen kennen, suchen Sie sich einen Job, der Ihren Stärken entspricht. Es ist im Berufsleben meist sinnvoller, Stärken auszubauen, als an Schwächen herumzudoktern. Schwächen zu bekämpfen führt häufig nur zu Mittelmäßigkeit, an Stärken zu arbeiten zu Perfektion. Nur in einem Job, in dem Ihre Fähigkeiten zur Geltung kommen, werden Sie irgendwann wirklich erfolgreich sein.

Einen guten Job zu haben und finanziell weich gebettet zu sein, wirkt sich positiv auf das weibliche Interesse am männlichen Gesprächspartner aus. Ebenso wenig überraschend ist die Tatsache, dass ein hohes Maß an Bildung von Vorteil ist. Auch ein illustrer und nicht zu kleiner Freundeskreis kann nie schaden. Schwingen solche Bestandteile von hohem gesellschaftlichem Stand unterschwellig in den eigenen Anekdoten mit und beruhen sie zusätzlich auf wahren Tatsachen, ist dieser Bereich von Wert für Sie prinzipiell schon in trockenen Tüchern. Ob diese Storys wirklich realen Ursprungs sind, lässt sich allerdings relativ leicht nachprüfen. Im Rahmen ihrer Möglichkeiten kann die geneigte Gesprächspartnerin schließlich durchaus beurteilen, ob ein gewisses Bildungsniveau beim Gegenüber vorliegt. Früher oder später wird sie auch Behauptungen über Job und Geld verifizieren können. Und Anekdoten über riesige Freundes- und Bekanntenkreise werden schnell unglaubwürdig, wenn man nie gegrüßt oder angerufen wird und nirgendwo jemanden kennt. Viel wirkungsvoller, als von seinen coolen Freunden zu erzählen, ist es übrigens, sie seiner weiblichen Begleitung einfach vorzustellen!

Wie bei den Geschichten zur Darstellung der eigenen Persönlichkeit gilt auch hier der Hinweis: Ein hoher Status sollte der
Zielperson stets beiläufig demonstriert werden. Ist die Absicht
zu offensichtlich, wird es schnell peinlich. Ist Mann wiederum
zu vorsichtig, werden die Andeutungen nicht wahrgenommen.
Dieser goldene Mittelweg, der hier wie so oft beschritten werden muss, ist die einzige feste Regel im Umgang mit Frauen, die
es gibt. Alles andere sind bloße Empfehlungen. Zwischen Prot-
zen und unauffälligen, aber wirkungsvollen Andeutungen des
eigenen Status liegen Welten. Und: Je höher der tatsächliche
soziale Stand eines Mannes, desto bescheidener sollte er im Verhältnis zur Schau gestellt werden.

Was für Leben und Hobbys gilt, ist auch auf Berufe übertragbar:
Fast jede Tätigkeit weist spannende Facetten auf, man muss sie
sich nur bewusst machen. Wenn sie dann noch der Gesprächspartnerin auf elegante Weise nähergebracht werden, ist die Aufgabe erfüllt und dieser Bereich erfolgreich abgehakt.

Der Status eines Mannes offenbart sich übrigens auch in gutem
Benehmen − Manieren zu haben schadet nie. Der hinsichtlich
Frauen nicht völlig unbeleckte Frank Sinatra wurde einmal in
einem Interview gefragt, was man niemals in Gegenwart von
Frauen tun sollte. Ohne lange nachzudenken, antwortete er:
„Gähnen".

Im Vorwort wurden bestimmte Gemeinsamkeiten von Männern
erwähnt, die wenig erfolgreich bei der Partnersuche waren.
Zu den häufigsten Gemeinsamkeiten zählten Schwächen in der
Selbstdarstellung. Viele verkauften sich einfach zu schlecht. Den
eigenen Wert in Sachen Persönlichkeit und Status günstig dar-

zustellen, ohne Märchen zu erzählen oder wie ein Prolet dazustehen, ist eine der wichtigsten Lektionen dieses Buches. Die Bedeutung dieses Erfolgsfaktors ist nicht zu unterschätzen. Um in der Matrix der Verführung zum Zuge zu kommen, muss man lernen, sich gut zu verkaufen. Beginnen Sie deshalb heute noch damit, sich darüber klar zu werden, welche Ihrer Facetten Sie in Zukunft besser zur Geltung bringen könnten.

Erzeugung von Wert hinsichtlich Gemeinsamkeiten

Gemeinsamkeiten des Mannes mit seiner Traumfrau sind die vierte und letzte Dimension des Überlebenswerts. Solche Gemeinsamkeiten sind z. B. zusammenpassende Identitäten und Interessen, Einstellungen und Werte, Zukunftspläne und Träume sowie ein Mindestmaß an Vertrauen, das sie zu ihm entwickeln muss. Gemeinsamkeiten sind nützlich zur Sicherung der Beziehung und verhindern – ganz im Sinne von Mutter Natur – alleinerziehende Mütter.

An dieser Stelle wird erneut die Relativität von Wert deutlich. So unterschiedlich Frauen sind, so unterschiedlich sind ihre Interessen, Einstellungen und Werte. Ich rate nicht nur aus diesem Grund davon ab, künstlich Gemeinsamkeiten herstellen zu wollen. Auch bei diesem Thema empfehle ich, immer bei der Wahrheit zu bleiben und die eigene Identität nicht zu verleugnen, nur um sich einer Frau anzubiedern.

Gleichwohl empfehle ich eine intelligente Gesprächsführung, um keine wie auch immer gearteten, unerwünschten Diskussionen ausbrechen zu lassen. Auch wenn unterschiedliche Interessen und Meinungen meist eher das Salz in der Suppe als ein

Problem sind. So lange nicht wichtige Lebenseinstellungen oder Vergleichbares betroffen ist, machen verschiedene Sichtweisen eine Unterhaltung spannend. Und selbst wenn in grundlegenden Dingen schwerwiegende Differenzen vorliegen sollten, ist das meist halb so schlimm. Gemeinsamkeiten als Teil männlichen Überlebenswertes sind meist nur insofern relevant, als es um feste Beziehungen geht. Und dann auch erst in der mittel- bis langfristigen Perspektive. Für kürzere Affären und ähnliche Verbindungen sind Gemeinsamkeiten für eine Frau von nicht allzu hoher Priorität. Oder anders ausgedrückt: Für guten Sex braucht es wenig Gemeinsamkeiten außer der gemeinsamen Vorliebe für guten Sex. Die Wichtigkeit der Wertdimension Gemeinsamkeiten soll also an dieser Stelle ausdrücklich relativiert werden.

||| Zusammenfassung

Für den Erfolg eines Mannes bei der Partnersuche ist in den Augen der Damenwelt ein gewisser Wert als potenzieller Geschlechtspartner immens wichtig. Dieser Wert ist permanent vorhanden und verfliegt nicht einfach. Ist er einmal aufgebaut, kann ein Mann lange davon zehren. Schließlich sind Frauen auf Männer von hohem Wert programmiert: gesellschaftlich und biologisch. Sie sind durch Erziehung und Mutter Natur dazu angehalten, sich einen „hochwertigen" Partner zu suchen.

Deshalb sollte jeder Mann, der etwas für Frauen übrig hat, darauf bedacht sein, einen in ihren Augen möglichst hohen Wert zu erlangen. Die aktive Erzeugung männlichen Werts als Geschlechtspartner für eine Frau beschränkt sich ausschließlich auf Überlebenswert, da Fortpflanzungswert kaum beeinflussbar ist. Die Dimensionen des Überlebenswertes hingegen – Stil & Körperpflege, Persönlichkeit, Status und Gemeinsamkeiten mit der weiblichen Zielperson – sind sehr wohl veränderbar. Um den männlichen Überlebenswert positiv zu beeinflussen, empfiehlt sich die Arbeit an jeder einzelnen Wertdimension und allen zugehörigen Facetten sowie an deren Übermittlung an die Zielperson.

Das Hauptaugenmerk sollte dabei jedoch auf die erste Dimension Stil & Körperpflege gelegt werden. Sie entspricht der Eintrittskarte in die Damenwelt und wurde deshalb als Erstes und am ausführlichsten behandelt. Außerdem ist diese Dimension am einfachsten und schnellsten positiv veränderbar und bringt im Anschluss den durchschlagendsten Erfolg. Die zweithöchste Priorität sollte die Persönlichkeit erfahren, gefolgt von der Werterzeugung durch Status. Diese Rangfolge begründet sich durch die einfachere und schnellere Möglichkeit, eine positive Veränderung an der eigenen Persönlichkeit zu erreichen als am eigenen Status. Zudem folgt meist aus intensivem Arbeiten an der eigenen Persönlichkeit eine Verbesserung der gesellschaftlichen Stellung, beispielsweise in Sachen Job und Finanzen. An der relativ gesehen unwichtigsten Dimension Gemeinsamkeiten mit der weiblichen Zielperson kann hingegen kaum direkt gearbeitet werden. Diese sind, sofern der Mann im Gespräch mit der Frau bei der Wahrheit bleibt, im Prinzip nicht änderbar. Höchstens steuerbar hinsichtlich der Art und Weise, wie die Frau sie wahrnimmt. Clevere Gesprächsführung und das Umschiffen gewisser Klippen sorgen in den meisten Fällen dafür, dass selbst größere Differenzen überbrückbar werden.

Grenzen von Wert

Im Vorwort dieses Buches ist von einem Modell der Verführung die Rede. Hierbei handelt es sich um eine konsequente Vereinfachung, um komplexe Zusammenhänge verständlich zu machen. Verführung wird dargestellt durch zwei Parameter, Wert und Anziehung, die zusammen das Wert-Anziehungs-Modell bilden. Das Modell, das Ihnen helfen soll, all Ihre Probleme, die Sie bisher mit Frauen hatten, zu erkennen, anzugehen und zu lösen. Der eben besprochene Wert ist also lediglich einer von zwei Pfeilern erfolgreicher Verführung, nur die eine Seite der Medaille. Ohne den Gegenpol namens Anziehung ist er leider wenig schlagkräftig.

Der Wert als potenzieller Geschlechtspartner sollte doch schon ausreichen, um Frauen erobern zu können? Tut mir leid, leider nein. Ohne Anziehung fehlt das zweite Standbein und auf einem Bein kann man bekanntlich nicht stehen. Jedenfalls nicht auf Dauer. Warum das so ist, soll das folgende Beispiel mit Wolf-Otto zeigen.

Wolf-Otto ist 30 und hat meistens auf seine Mutter gehört. Sein BWL-Studium brachte ihm einen soliden Job ein, eine nette Wohnung und einen 5er Golf mit ordentlichem „Bums" unter der Haube. Manchmal ist Wolf-Otto ganz verwegen drauf, dann stellt er den Kragen seines Polohemdes hoch und macht coole Handbewegungen. Meistens aber nicht. Wolf-Otto hat dafür handwerkliche Fähigkeiten, gepflegte Umgangsformen und kann gut zuhören. Kurzum, er ist ein netter junger Mann.

Dann gibt es da noch so ein Mädchen. Ulrike heißt die. Ziemlich sexy findet der Wolf-Otto die Ulrike. Deshalb hat er ihr auch bei ihrem letzten Umzug geholfen und ist stets zur Stelle, wenn Not am Mann ist. Regale aufbauen, Autos reparieren und Löcher bohren: Der Wolf-Otto kann fast alles.

In letzter Zeit kommt es dem Wolf-Otto allerdings so vor, als rufe ihn die Ulrike nur noch an, wenn es etwas zu reparieren gibt. Oder Löcher zu bohren. Außer in den Wänden ihrer Wohnung hat Wolf-Otto aber noch nie bei der Ulrike herumbohren dürfen. Okay, er hat es auch noch nie drauf angelegt, schließlich ist er gut erzogen und die Freundschaft gefährden will er auch nicht. Aber so langsam wurmt es ihn schon ein wenig …

Leider hat Ulrike überhaupt nicht vor, Wolf-Otto jemals diesen Gefallen zu tun. Für sie ist er eine gute Freundin – Pardon, ein guter Freund. Sie findet ihn nett, er hat einen gewissen Wert für sie, allerdings mehr als kostenloser Handwerker, Seelentröster und Rückhalt in schweren Zeiten. Weniger als ein Mann, mit dem sie sich mehr vorstellen könnte. Und das, obwohl Wolf-Otto in sämtlichen Dimensionen von Überlebenswert bei ihr zumindest akzeptabel abschneidet.

Wo liegt also das Problem, warum kommt Wolf-Otto bei Ulrike nicht zum Zug? Warum wird er trotz zweifellos vorhandenem Überlebenswert nicht als ernst zu nehmender Kandidat für „Schweinereien" wahrgenommen?

Nun, es liegt auch nicht an mangelndem Fortpflanzungswert. Optisch ist Wolf-Otto durchaus ansehnlich, geistige Fitness ist mehr als genug vorhanden und seine Erbanlagen schrecken Ulrike geruchstechnisch nicht grundsätzlich ab.

Es muss also neben der Kategorie Wert tatsächlich noch eine andere Unbekannte in der Matrix der Verführung geben, auf deren Skala Wolf-Otto weniger gut abschneidet. Richtig, Sie ahnen es wahrscheinlich: Es mangelt ihm an Anziehung. Wegen kaum vorhandener Anziehung genügt es Ulrike, durch die bestehende platonische Freundschaft Zugriff auf Wolf-Ottos Überlebenswert zu haben und so die Vorzüge seiner Gesellschaft genießen zu können. Sein Fortpflanzungswert kommt auf diese Weise überhaupt nicht zum Einsatz, Wolf-Otto ist bei Ulrike ganz weit im „Gute-Freunde-Land".

Um nachhaltigen und vollumfänglichen Erfolg bei Frauen zu haben, sind also sowohl Wert als auch Anziehung nötig. Dabei geht es vielen Männern so wie Wolf-Otto: Sie haben eine annehmbare Menge an Wert, aber einen Mangel an Anziehung. Genau genommen liegt in vielen Fällen nicht nur einfach ein Mangel an Anziehung vor: *Anziehung wird förmlich vermieden*. Was Anziehung genau ist, wie sie aufgebaut und erhalten werden kann, klärt das folgende Kapitel.

||| **Zusammenfassung**

Wert alleine reicht nicht aus, um bei Frauen wirklich erfolgreich zu sein. Herrscht ein Mangel an Anziehung, wird der Funke nie überspringen. Trotz vorhandenen Werts wird der Mann in diesem Fall nur als guter Freund wahrgenommen, mit dem mehr als Freundschaft kaum möglich ist. Es fehlen der Reiz, die Spannung und das Feuer.

Anziehung

Was ist Anziehung?

Unter Anziehung verstehen wir einen im Zeitablauf mehr oder weniger unkontrollierbaren, wechselseitigen Prozess, der zwischen zwei Menschen aufgrund von Sympathie, Interesse oder Lust entstehen kann. Dieser Prozess ist gleichbedeutend mit dem ersten Schritt der Verführung, er kann aktiv in Gang gesetzt werden.

Da sich dieses Buch mit der Verführung von Frauen beschäftigt, liegt das Hauptaugenmerk der hier betrachteten Anziehung auf der weiblichen Seite. Es geht also darum, zu erfahren, wann sich eine Frau von einem Mann angezogen fühlt und wie dieser Zustand erreicht werden kann.

Anziehung zwischen Frau und Mann kann von ihrer Seite aus augenblicklich entstehen. Beispielsweise dann, wenn er ihrer Idealvorstellung eines Mannes sehr nahekommt. In solchen Fällen kann alles ausgesprochen schnell gehen, allerdings ist das eher die Ausnahme. Mindestens zwei der drei möglichen Gründe für Anziehung

- Sympathie
- Interesse und
- Lust

(aufsteigend nach Wichtigkeit sortiert) müssen dafür in hohem Maß und gleichzeitig bei ihr vorliegen. Ist dies der Fall, ist sogar eine augenblickliche Verliebtheit der Frau nicht ausgeschlossen.

Sympathisch finden kann man übrigens die unterschiedlichsten Menschen, auch wenn es häufig Personen mit Gemeinsamkeiten zum eigenen Selbstbild zu sein scheinen. Prinzipiell ist „Gleich und Gleich gesellt sich gern" häufiger der Fall als „Gegensätze ziehen sich an". Außerdem ist es möglich, dass man Menschen mag, die man eigentlich gar nicht mögen will und rational betrachtet ablehnt. Das macht das Auftreten von Sympathie ziemlich unberechenbar. Klar ist nur, dass Sympathie mit der Anzahl der Kontakte zwischen zwei Menschen steigt.

Doch damit nicht genug: Für manche sexuellen Abenteuer muss Sympathie nicht einmal vorhanden sein. Dafür reicht sogar schon Lust, die bekanntermaßen nicht minder unberechenbar ist. Auch wofür wir uns interessieren und welche Menschen unser Interesse erregen, ist nur bedingt steuer- und vorhersagbar. Folglich sind wir den Gesetzen der Anziehung zu einem gewissen Grad ausgeliefert.

Wer daran schuld ist? Mutter Natur! Sie hat um der Fortpflanzung willen Männern und Frauen Triebe mit in die Wiege gelegt, gegen die der Verstand zwar nicht machtlos ist, aber gegen die er immer wieder empfindliche Niederlagen einstecken muss. Niederlagen, die jeder von uns schon erlebt hat.

Menschen sind durch drei Basistriebe auf Arterhaltung getrimmt: Sextrieb, romantische Liebe und Bindungstrieb. Der Sextrieb hält den Menschen bei der Suche nach einem geeigneten Geschlechtspartner auf Kurs. Die Entstehung von romantischer Liebe sorgt dafür, dass man sich auf einen Partner konzentriert. Bindungstrieb ist nützlich, um Kindern die Erziehung von beiden Elternteilen zukommen zu lassen, bis sie erwachsen sind.

Die verschiedenen Arten von Anziehung, die eine Frau zu einem Mann verspürt, lassen sich im Übrigen danach unterscheiden, wie lange diese Anziehung bei ihr anhält: kurzfristige, mittelfristige und langfristige Anziehung. Wie diese drei verschiedenen Arten erzeugt werden können, zeigen die Passagen nach der folgenden Zusammenfassung.

||| **Zusammenfassung**

Anziehung ist der Funke, der die heiße Affäre und die innige Liebesbeziehung von der Freundschaft zwischen Frau und Mann unterscheidet. Anziehung beruht auf Sympathie, Interesse oder Lust und ist der erste Schritt der Verführung: Ein Prozess, der – einmal in Gang gesetzt – nur schwer aufzuhalten ist.

Erzeugung von Anziehung

Erzeugung von kurzfristiger Anziehung

Kurzfristig anhaltende, also eher oberflächliche Anziehung entsteht zunächst durch die richtige verbale Kommunikation. Sinn für Humor und Schlagfertigkeit spielen dabei eine große Rolle. Bringen Sie die Dame beim Flirten hin und wieder zum Lachen, ohne in die Rolle des Clowns zu verfallen. Über Clowns wird gelacht, aber mit Clowns hat niemand Sex.

Ein Flirt ist die Folge von vorhandener Anziehung: eine erotisch motivierte Annäherung, bei der ein unverbindlicher, oberflächlicher Kontakt hergestellt wird. Mimik, ein Blickkontakt, eine

Geste, eine Äußerung oder eine Handlung können als Eröffnung dieses Kontakts dienen. Der Flirt lebt dabei vom Spiel mit sexueller Spannung.

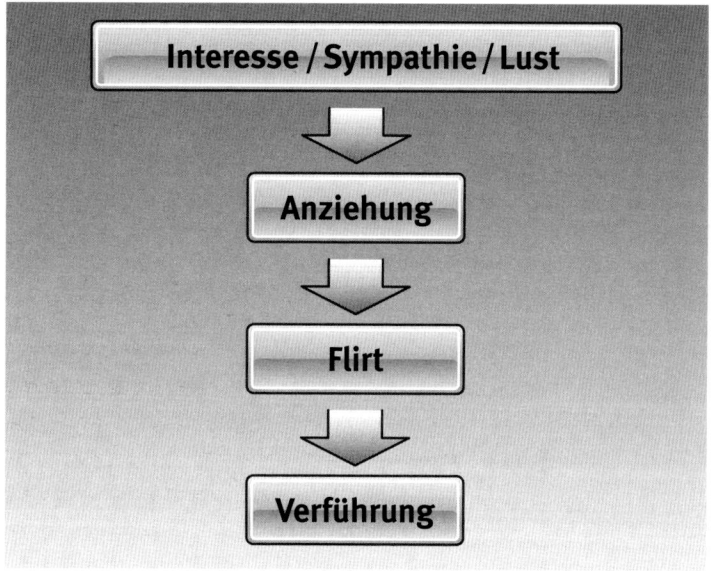

Prozess der Verführung.

Der Einsatz bestimmter Flirtinstrumente ermöglicht eine relativ einfache Erzeugung von Anziehung während eines Flirts.

Das erste große Flirtinstrument: eine bestimmte Gesprächshaltung, die durch eine überheblich-witzige Art gekennzeichnet ist. Sie hat sich für viele Männer als tragfähige Lösung ihrer Probleme bei der Erzeugung von Anziehung erwiesen.

Diese im Folgenden mit „ÜW" abgekürzte Haltung schlägt eine Brücke zwischen dem Clown und einem unartigen Jungen. Wie zuvor bereits angedeutet, ist es wenig zielführend, den Clown zu spielen. Der Witz des Clowns für sich genommen ist aber dennoch ein Bestandteil dieser mächtigen „Waffe", die man nutzen kann, um Anziehung zu erzeugen.

Ebenso wenig praktikabel wäre es auf der anderen Seite, sich gegenüber Frauen einfach nur überheblich zu verhalten. Zu schnell liefe man so Gefahr, als eingebildetes Arschloch abgestempelt zu werden. Arroganz ist keine Eigenschaft, die alleine tragfähig ist, um Erfolg bei Frauen zu haben. Und doch spricht einiges dafür, dass böse Jungs tatsächlich gut bei Frauen ankommen …

Studien bestätigen, dass eine Kombination aus leichtem Narzissmus, moderater Psychopathie und Machtstreben auf Frauen offensichtlich attraktiv wirkt. Anders ausgedrückt: Egoisten und Draufgänger haben bewiesenermaßen mehr Beziehungen mit Frauen und mehr Sex. Der Erfolg beim anderen Geschlecht dieser gemeinhin nicht unbedingt positiv besetzten Charakterzüge wurde sogar in kulturübergreifenden Studien bestätigt. Das heißt: Sowohl chinesische als auch amerikanische Draufgänger haben mehr Sex als ihre vorsichtigeren Zeitgenossen.

Der Zusammenhang zwischen Unterschieden in der Persönlichkeit und dem Fortpflanzungserfolg ist nicht von der Hand zuweisen, aber wie ist er erklärbar? Stehen Frauen tatsächlich nur auf selbstsüchtige Egos und Narzissten?

Ich persönlich glaube, dass diese Gattung draufgängerischer und von sich selbst überzeugter Männer aggressiver und häufiger auf

Frauen zugeht und nicht zuletzt aus diesem Grund statistisch gesehen mehr Erfolg hat.

Um Frauen erfolgreich anzusprechen, können selbstironischer und sarkastischer Humor und eine rotzfreche, jungenhafte Überheblichkeit kombiniert werden. Doch grau ist alle Theorie, deshalb nun einige Beispiele für dieses selbstbewusst-überdrehte Auftreten. Sie sind nicht dafür da, eins zu eins kopiert zu werden. Sie beinhalten auch keine Erfolgsgarantien und funktionieren weder bei jedem, der sie anwendet, noch in jeder Altersklasse. Und schon gar nicht bei jeder Frau. Sie sollen nur verdeutlichen, was mit der überheblich-witzigen Art gemeint ist und so Inspiration liefern, um mehr ironischen und provokanten Witz in die eigene Kommunikation mit Frauen integrieren zu können.

Ratsam bei allen Äußerungen dieser Art ist ein leichtes Hochziehen mindestens eines Mundwinkels, um zu signalisieren, dass man nicht allzu ernst genommen werden will …

Ein mitten im Gespräch eingestreutes „Kompliment" im überheblich-witzigen Stil wie

♂: „Wo hast Du eigentlich so putzig tanzen gelernt? ☺"

oder

♂: „Ja, Du siehst ganz putzig aus. Wie meine kleine Schwester. ☺"

an eine attraktive Frau, über die Mann vor Kurzem in einer Bar gestolpert ist, sollte immer lächelnd serviert werden!

Komplimente und ähnlich wohlwollende Äußerungen sollten generell sparsam verteilt werden und stets als eine Art „Belohnung" fungieren. Nur nette, attraktive Frauen, die sich kooperativ am Gespräch beteiligen und z. B. brav ihren Namen nennen, sollten demnach in deren Genuss kommen. Unfreundliche, unkooperative Zeitgenossinnen bekommen keine Komplimente – und seien sie noch so attraktiv!

Bei einem Kompliment, insbesondere bei einem Lob über Äußerlichkeiten der Frau, sollte bedacht werden, dass jede attraktive Frau tagtäglich freiwillig und unfreiwillig mit Männern kommuniziert, die ihr physische Attraktivität bescheinigen. Folglich sind Sie mit Ihrem Kompliment nur einer von vielen und vollkommen austauschbar. Deshalb sollte sich Ihre Schmeichelei von den unzähligen anderen Lobeshymnen abheben, die sie in den letzten Tagen und Wochen gehört hat. Wenn Ihr Kompliment also schon auf das Äußere der Frau anspielen muss, sollte es sich von anderen dadurch unterscheiden, dass es kleine Frechheiten enthält: Worte wie „putzig", einen Vergleich mit der kleinen Schwester oder andere unterschwellige Neckereien. Das Wort „putzig" repräsentiert dabei das ÜW-Konzept wie nur wenige andere Adjektive: Es ist die fast perfekte Kombination aus Kompliment und Unverschämtheit.

Noch besser ist allerdings in den meisten Fällen, Komplimente bezüglich Äußerlichkeiten komplett zu vermeiden. Je attraktiver die weibliche Zielperson ist, desto mehr Komplimente hat sie bis zum heutigen Tag gehört und desto weniger zielführend ist ein weiteres aus Ihrem Mund. Wir wollen uns von der Masse an Konkurrenten absetzen und bevorzugen deshalb Komplimente für Dinge, die etwas weniger oberflächlich sind. Für eine interessante Urlaubsgeschichte, die sie uns erzählt, oder für ihren schweizerischen Dialekt, den wir niedlich finden. Wir reduzieren damit die Frau nicht wie all die anderen Männer auf ihre Schönheit und suggerieren ihr eher, ihre Attraktivität gar nicht zu bemerken. Ein möglicher Effekt dieses Verhaltens ist, dass sie Anstrengungen unternimmt, damit wir darauf aufmerksam werden. Sie hat auf diese Weise den Anreiz, sich als attraktive Frau zu qualifizieren.

Natürlich springen nicht alle Frauen so schnell auf eine überheblich-witzige Art des Mannes an und versuchen sich sogleich mit ihren Vorzügen in den Vordergrund zu spielen. Häufig wird von weiblicher Seite versucht, Männer schon in der ersten Phase des Kennenlernens mit dem Hinweis auf einen imaginären oder tatsächlich vorhandenen Partner abzuwimmeln. Vor allem in Diskotheken oder Clubs, wo Frauen häufig angesprochen werden. Dies verlangt nach geeigneten Kontern.

♂: „…"

♀: „Ich habe einen Freund!"

♂: „Ach was, nur einen? Du Ärmste, ich hab sogar mehrere!"

Hier wird einer der häufigsten weiblichen Abschreckungsmethoden mittels eines einfachen, aber witzigen Perspektivenwechsels der Wind aus den Segeln genommen. Wenn die Frau an dieser Stelle zum Lachen gebracht wird und danach ein sofortiger Themenwechsel durchgeführt wird, ist diese Hürde des Kennenlernens erfolgreich genommen.

Ob sie tatsächlich einen Partner hat oder nicht, ist übrigens vollkommen egal. Jedenfalls solange er nicht dabei ist. Schließlich wollen wir uns – zumindest „offiziell" – nur unterhalten, wir baggern niemanden offensichtlich an. Ein möglicher Partner Ihres weiblichen Gesprächspartners sollte in Ihrem Kopf und

Ihren Überlegungen nicht nur deshalb überhaupt keine Rolle spielen! Falls er wider Erwarten plötzlich auftauchen sollte, stellen Sie sich vor, geben ihm die Hand und räumen das Feld.

Zurück zum Perspektivenwechsel: Dieser verbale Kunstgriff ist generell die vielleicht wichtigste Waffe der Kommunikation, um für Witz und Spannung zu sorgen. Clevere Perspektivenwechsel sind überraschend und bringen den Gesprächspartner zum Lachen.

Wie das konkret geht? Eigentlich ganz einfach: Bringen Sie in geeigneter Situation beispielsweise Sprüche, die normalerweise eher von Frauen kommen könnten, und ziehen Sie sie auf. Spielen Sie mit Rollenklischees.

Die Bar in einer Kneipe oder einem Club eignet sich prima für flapsige Sprüche während eines Flirts mit einer frischen Bekanntschaft:

♂: „Hey, schon gut, ich weiß schon, was Du denkst, aber Du musst mir jetzt wirklich keinen Drink spendieren. ☺"

Wenn Sie bereits ein Getränk in der Hand haben, könnten Sie ihr nach kurzem Gespräch folgende Frage stellen:

♂: „Könntest Du bitte mal kurz auf mein Getränk aufpassen? Aber bitte keine Drogen reinwerfen, ja? Ich hoffe, ich kann Dir vertrauen."

Lassen Sie das Glas bei ihr, verschwinden Sie und kommen Sie kurz darauf zurück. In der Zwischenzeit hat sie darauf aufgepasst und sich verantwortlich dafür gefühlt. So unbedeutend sich diese kleine Aktion anhören mag, sie schafft erstes Vertrauen und eine erste Bindung. Das Gespräch wird danach gefestigter sein als vorher, probieren Sie es aus!

Wenn Sie sehr offensichtlich das Gespräch mit Ihrer neuen Gesprächspartnerin gesucht haben, können Sie kurz danach die Verhältnisse umkehren und sie „zurechtweisen":

♂: „Du kannst doch hier nicht einfach ständig fremde Leute ansprechen! Das kommt echt komisch rüber, weißt Du …?"

Beiden ist natürlich völlig klar, dass Sie es waren, der das Gespräch eröffnet hat. Vielleicht protestiert sie lautstark, vielleicht verpasst sie Ihnen einen Schlag auf die Schulter. Oder beides gleichzeitig. Für genug Anziehung dürfte jedenfalls gesorgt sein.

Ist die Unterhaltung schon weiter fortgeschritten, könnte sich die überheblich-witzige Art eines Mannes in ausgelassener Stimmung so anhören:

♂: „Ist das einer von Deinen Aufreißersprüchen? ☺"

♂: „Du bist ganz schön ungezogen. Wenn Du so weitermachst, werden wir hier noch verhaftet. Aber Du hast Glück, Sträflingskleidung steht mir!"

♂: „Sagst Du das etwa zu allen Jungs? ☺"

♂: „Eins musst Du wissen, ich bin kein Mann für eine Nacht."

♂: „Nein, mach Dir bitte keine falschen Hoffnungen, ich kann nachher nicht mit Dir nach Hause kommen. ☺"

Natürlich darf mit dieser Art niemals übertrieben werden. Solche Sprüche müssen dosiert und gezielt eingesetzt werden und in den Zusammenhang passen. Andernfalls würde man der Lady schnell gewaltig auf die Nerven gehen.

Um solche Sprüche anwenden zu können, ist es nötig, überhaupt erfolgreich ins Gespräch zu kommen. Beginnen wir also mit dem ersten Schritt, dem Ansprechen einer Frau, wobei die in fast jedem Mann vorhandene Angst davor überwunden werden muss. Risikobereitschaft ist hier gefragt, denn: Wer nichts riskiert, der onaniert.

Ja, so gut wie alle Männer spüren diese Angst, auf Frauen zuzugehen. Sie sind damit also nicht der Einzige. Erklärbar ist sie durch die unter Umständen ernsten Konsequenzen, die ein Mann in Urzeiten zu fürchten hatte, der sich dem falschen Ziel näherte. Lebensbedrohliche Gewalt zum Beispiel. Heute endet eine solche Annäherung zwar seltener in körperlichen Auseinandersetzungen mit Geschlechtsgenossen oder sozialer Ausgrenzung, die Angst davor ist trotzdem nicht weniger geworden.

Generell gilt: Der größte Hemmschuh der Weiterentwicklung und Selbstverbesserung ist immer unsere Angst. Egal ob Angst vor Zurückweisung, vor Veränderungen, vor Misserfolg oder sogar vor Erfolg: Wir alle müssen unsere Angst besiegen, um erfolgreich zu werden. So auch bei Frauen.

Neben unzähligen anderen Strategien, mit der Angst vor dem Ansprechen schöner Frauen fertig zu werden, eignet sich dafür vor allem das Konzept der Ergebnisunabhängigkeit. Sich möglichst weitgehend frei zu machen vom zahlenmäßigen Ergebnis eines Abends – wie zum Beispiel der Anzahl der gesammelten Telefonnummern oder Körbe – ist ein wichtiger Schritt zum Erfolg. Der Spaß an einem Ausgehabend sollte nie auf der Strecke bleiben. Es sollte vielmehr um die spielerische Erweiterung von sozialen Fähigkeiten gehen und darum, Erfahrungen zu sammeln und Menschen kennenzulernen. Ohne ein Mindestmaß an Lockerheit wird dieses Socializing kaum funktionieren.

Attraktive Frauen sehr schnell nach ihrer Sichtung anzusprechen, kann das Entstehen von Angst verhindern helfen. Anstatt

lange zu überlegen, Pläne zu schmieden und sich Dinge zurecht-
zulegen ist meist vorzuziehen, in Sekundenschnelle zu reagieren und einfach, ohne darüber nachzudenken, das Gespräch zu
eröffnen. Angst hat auf diese Weise keine Chance.

Zweitrangig ist, was beim Ansprechen von Frauen gesagt wird.
Viel wichtiger ist, wie es gesagt wird. Sich ihr bei der Eröffnung
des Gesprächs körperlich nicht voll zuzuwenden und sie eher
seitlich im Vorbeigehen anzusprechen, ist häufig vorteilhaft, da
dies weniger bedrohlich wirkt. Eine natürliche, möglichst wenig
nervöse oder zappelige, sondern selbstsichere und ruhige Körpersprache ist dabei hilfreich. In Kombination mit einem unge-
zwungenen Lächeln auf den Lippen kann dies schon die halbe
Miete sein, um den Rest eines angebrochenen Abends in netter
Gesellschaft verbringen zu dürfen.

Selbstsicherheit ist ein gutes Stichwort. Selbstsicherheit im Sinne
von Coolness und gewisser Unerschütterlichkeit ist ausgesprochen wichtig, um erfolgreich bei Frauen zu werden. Sollte Ihnen
diese Selbstsicherheit im Gespräch mit der holden Weiblichkeit
noch abgehen, helfen Ihnen zwei Dinge: jede Menge Übung und
Erfolge, die sich durch das regelmäßige Üben einstellen werden. Selbstsicherheit kommt nicht über Nacht. Selbstsicherheit
braucht Zeit. Es gilt deshalb im täglichen Leben, möglichst viele
Gespräche mit Frauen zu führen. Beginnen Sie wenn nötig mit
einfachen Dingen wie einer Frage nach dem Weg und steigern
Sie von Tag zu Tag den Schwierigkeitsgrad Ihrer sozialen Interak-
tionen – auf der Straße, im Supermarkt und im Büro.

Körpersprache ist häufig wichtiger als die verbale Verständigung.
Sie macht wahrscheinlich sogar mehr als die Hälfte der gesam-

ten Kommunikation aus. Wie sie wirkt, steht im folgenden Infokasten:

||| Hinweise zur Körpersprache

1. Bekämpfen Sie sichtbare Nervosität

Versuchen Sie zu Übungszwecken hin und wieder sich selbst gegenüber die Beobachterrolle einzunehmen. Schlüpfen Sie dafür
mit Ihrem geistigen Auge aus Ihrem Körper heraus und achten Sie
bewusst auf jede Ihrer Bewegungen in sozialen Situationen. Im
Gespräch mit attraktiven Frauen sollten wippende Füße, zuckende
Augenlider und rastlose Hände rigoros abgestellt werden.

2. Entspannen Sie sich

Atmen Sie bewusst tief durch. Lassen Sie sich fallen. Ihnen passiert nichts, nicht einmal die schönste Frau der Welt kann Ihnen
wirklich gefährlich werden! Die meisten Frauen haben mehr Angst
vor Ihnen als umgekehrt.

Um Tiefenentspannung zu lernen, empfehle ich Meditation. Diese
Entspannungsform hat mir sehr dabei geholfen, ruhiger und ge-
lassener zu werden.

Meditation ist eigentlich ganz einfach und dabei so unglaublich
nützlich. Das vegetative Nervensystem fährt herunter, der Blut-
druck senkt sich, auch das Hirn profitiert davon. Ich meditiere
seit Jahren nach der Zazen-Methode, was so viel wie Sitzmedita-
tion heißt. Dafür brauchen Sie nichts weiter als ein Kissen zum
Sitzen und eine Kerze als Beleuchtung. Dunkel und ruhig sollte
es sein, je stiller, desto besser   zur Not schaffen Sie sich Stille
mit Ohrenstöpseln aus Silikon. Als Anfänger genügt es, sich im
Schneidersitz auf das Kissen vor eine brennende Kerze zu setzen ▶

und an nichts zu denken. Fortgeschrittene dürfen gerne den Lotossitz oder den halben Lotossitz wählen, also die aus dem Yoga bekannten typisch verschränkten Beine. Dies ist nützlich, um die Extremitäten näher an die Körpermitte zu führen und dadurch zentriert zu sitzen. Lassen Sie Gedanken einfach kommen und gehen, halten Sie keinen fest. Schließen Sie die Augen und atmen Sie entspannt mit gestrecktem, geradem Rücken tief ein und aus. Konzentrieren Sie sich auf Ihre Atmung und Ihre Sinne, hören Sie tief in sich hinein. Achtsamkeit nennt man diesen Zustand. Versuchen Sie täglich mehrere Minuten lang zu meditieren. Den positiven Effekt werden Sie sehr bald spüren.

3. Lassen Sie sich Zeit

Achten Sie auf Ihre Bewegungen und versuchen Sie Gelassenheit zu demonstrieren. Frauen lieben souveräne und sichere Männer. Strahlen Sie zu wenig innere Ruhe aus, wird sich der Erfolg bei der Damenwelt nur mühsam einstellen.

4. Nehmen Sie Raum ein

Ihre Bewegungen sollten nicht übertrieben ausladend sein, aber doch raumgreifend. Nur unsichere Männer trauen sich nicht, Platz einzunehmen.

5. Achten Sie auf eine gerade Haltung

Nicht nur, dass eine aufrechte Körperhaltung eine positive Ausstrahlung unterstützt und attraktiver erscheint als ein Rundrücken und eingefallene Schultern. Auch auf unsere Emotionen scheint unsere Haltung Einfluss zu haben. Selbstsicherheit wird durch aufrechte Haltung positiv verstärkt und die Stimmung aufgehellt. Versuchsgruppen in Studien, die sich minutenlang in Siegerpose werfen durften, waren in Studien danach deutlich mehr von sich überzeugt als die Teilnehmer, die eine eher krumme und weniger raumgreifende Körperhaltung einnehmen sollten.

Die soziale Komfortzone eines Menschen beschreibt den Bereich sozialer Situationen, in denen er sich wohlfühlt. Außerhalb der Komfortzone liegen hingegen zwischenmenschliche Situationen, die einem Unbehagen bereiten. Bei den meisten Menschen liegt das Grüßen eines netten Nachbarn innerhalb der eigenen Komfortzone. Schwierig wird es dagegen zum Beispiel, wenn es darum geht, einen Arbeitskollegen feinfühlig über dessen unerträglichen Mundgeruch aufzuklären. Meist wird lieber der Geruchsbelästigung weiter standgehalten, als solch ein unangenehmes Gespräch zu führen. Das Anschneiden solcher Themen liegt für die meisten Menschen weit außerhalb ihrer Komfortzone.

Um Frauen kennenzulernen, ist es vor allem für schüchterne Männer häufig notwendig, eine systematische Erweiterung der Komfortzone zu betreiben, die eigenen sozialen Fähigkeiten jeden Tag durch Unterhaltungen mit fremden Menschen verbessern. Ziel dabei ist, generell nicht mehr stark emotional auf Menschen oder Ereignisse zu reagieren. Selbst wenn die Nervosität in Gegenwart schöner Frauen bleibt, sollte man sie Ihnen nach etwas Übung nicht mehr ansehen können. Verbissenheit und Angst sollten Sie mit aller Macht bekämpfen, sie schränken Lockerheit und Handlungsfähigkeit ein und machen authentische Coolness unmöglich.

Zurück zum Ansprechen von Frauen: Gute Gesprächseröffnungen erscheinen meist nicht als solche. Das Gespräch ergibt sich einfach. Nach einer dezenten Gesprächseröffnung haben Frauen nicht das Gefühl, angesprochen oder gar angebaggert worden zu sein.

Wichtig ist, langsam, klar und deutlich zu sprechen. In einer Bar gleich reihenweise Frauen anzusprechen ist übrigens eher kontraproduktiv. Das vorhandene weibliche Publikum sollte bei einem Mann nicht erkennen können, dass er das Lokal mit der Absicht betreten hat, es nicht alleine zu verlassen. Und nicht nur das: Es sollte auch gar nicht seine Absicht sein. Jedenfalls nicht die einzige. Die anderen Gäste der Bar sollten lediglich erkennen können, dass hier ein sozial aufgeschlossener Mann auf völlig selbstverständliche Art und Weise Gespräche führt, um sich zu amüsieren. Wenn seine Gesprächspartnerin dann noch durch ihr Lachen und ihre Körpersprache signalisiert, dass ihr die Unterhaltung mit ihm Freude macht, ist der erste Schritt für einen erfolgreichen Abend in dieser Bar gemacht. Alle anderen anwesenden Frauen werden dies wahrnehmen und ihn deshalb von vornherein als interessant einstufen, woraus später leicht neue Bekanntschaften entstehen können.

Folgenschwere Begegnungen zwischen Mann und Frau laufen stets nach einem bestimmten Schema ab: Nach dem beiderseitigen Anziehen folgt so etwas wie Beziehungsaufbau und im Idealfall irgendwann das gegenseitige Ausziehen. Um diesen Prozess anzuwerfen, muss man selbst das Gespräch suchen. Frauen sprechen von sich aus äußerst selten Männer an. Mit Frauen ins Gespräch zu kommen ist hauptsächlich auf drei verschiedene Arten möglich:

- direkt
- indirekt
- situativ

Neben diesen drei verbalen Varianten besteht außerdem die Möglichkeit, nonverbal eine Unterhaltung zu provozieren.

Welche dieser Eröffnungen für Sie die richtige ist, sollten Sie durch Ausprobieren herausfinden.

„Direkt" heißt, meine Warnung vor der Vergabe von Komplimenten mehr oder weniger in den Wind zu schlagen. Bei direkter Eröffnung wird der Frau relativ deutlich und gleich zu Beginn der Unterhaltung Interesse signalisiert. Eine Frau direkt anzusprechen verlangt recht viel Mut und birgt das höchste Risiko einer Abweisung. Ein beträchtliches Maß an Selbstsicherheit ist hierfür notwendig. Für Männer, die noch wenig Erfahrung im Ansprechen fremder Frauen haben, ist diese Variante nicht uneingeschränkt zu empfehlen. Generell bin ich kein besonders großer Freund direkter Eröffnungen, kenne aber Männer, die damit erfolgreich sind.

Eine mehr oder weniger typische direkte Eröffnung könnte lauten:

♂: „Hi, Du scheinst gutes Karma zu haben, wer bist du?"

Hier wird ein eingeschränktes Kompliment verteilt, so als wäre man sich noch nicht sicher über das abgegebene Urteil. Im Idealfall wirkt dies als Handlungsaufforderung an ihr Unterbewusstsein, dieses Urteil zu bestätigen. Ihr ein – genau genommen eher sinnfreies – Kompliment über ihr Karma zu machen, ist zudem weniger plump und weniger oft gehört, als ihre Ausstrahlung oder gar ihre Augen zu loben. Die angehängte Frage „Wer bist du?" ist gegenüber dem klassischen „Wie heißt du?" vorzuziehen, lässt ihr dies doch weit mehr Spielraum für ihre Antwort.

Allgemein gilt: Direkte Eröffnungen werden von vielen Dating-Experten für das Kennenlernen von Frauen am Tag empfohlen, während indirektes Spiel eher für die Nacht geeignet ist. Mit den verschiedenen Varianten zu experimentieren und Erfahrungen zu sammeln, ist mit Sicherheit ein guter Weg, um einen eigenen Stil zu finden.

Indirekte Eröffnungen vermeiden wirkungsvoll, gleich mit der Tür ins Haus zu fallen und der Dame das zehnte Kompliment an diesem Abend vor die Füße zu werfen. Tiefer gehendes Interesse an der Lady und jegliche Wertschätzung ihrer Reize bleiben ihr auf diese Weise zu Beginn verborgen.

Eine mehr oder weniger ernst gemeinte Frage zu beliebiger Thematik an den Anfang zu stellen, ist für Anfänger eine gute und recht unverfängliche Variante, um Frauen kennenzulernen:

♂: „Hey, was frühstückst Du gerne?"

Ein spitzenreicher Schlagabtausch, der durch eine andere indirekte Eröffnung begonnen wurde, könte so aussehen:

♂: „Hey, hübsche Jacke, woher hast Du die denn?"

♀: „Danke, aber bist Du sicher, dass sie Dir stehen würde? ☺"

♂: „Na, wer weiß! Aber Du hast recht, ich such' ein Geburtstagsgeschenk für meine beste Freundin. Ich glaube, die hat ungefähr Deine Größe, na ja, bisschen schlanker vielleicht … ☺"

Falls der letzte, mit einem Grinsen servierte Satz einen Faustschlag auf die Schulter des Urhebers nach sich zieht, wäre dies kein unbedingt schlechtes Zeichen. Im Gegenteil, das mit den frechen Bemerkungen eingegangene hohe Risiko würde damit sogar belohnt werden. Bitte aber nur bei wirklich schlanken Damen anwenden!

Harmlose, nette Schläge auf die Schulter sprechen für eine erste kurzfristige Anziehung, die generiert wurde. Die Frau versucht, diese durch solche Hiebe abzubauen. Übrigens nicht zu verwechseln mit ernst gemeinten Ohrfeigen, die dafür sprechen, dass man sich komplett im Ton vergriffen hat. Erneut lässt an dieser Stelle der goldene Mittelweg grüßen!

„Situativ" Gespräche zu eröffnen eignet sich für das Kennenlernen von Frauen auf der Straße und im Nachtleben. Dies ist im Prinzip fast ebenso wenig risikobehaftet wie die indirekte Eröffnung und damit für Anfänger recht gut geeignet. Streng genommen ist situativ nur eine Spielart von indirekt. Die Rotphase einer Ampel auf einer mehrspurigen Straße zum Beispiel lässt sich mit der richtigen Gesprächsstrategie hervorragend nutzen, um attraktive Verkehrsteilnehmer im benachbarten Fahrzeug kennenzulernen. Auch für eine Situation zwischen Fußgängern an einer roten Ampel würde sich folgende Eröffnung mit anfangs ernster Miene anbieten:

♂: „Hi! Eine Frage … aber bitte antworte ehrlich, ja?"

♀: „Ja, okay."

♂: „… Ehrlich?"

♀: „Ja, sag ich doch!"

♂: „… Okay. Wartest Du auch auf Grün? ☺"

Diese vermeintlich wichtige, bedeutungsschwanger durch Pausen verzögerte Frage zielt einzig und allein darauf ab, dem anderen, der etwas völlig anderes erwartet hat, ein Lächeln ins Gesicht zu zaubern. Situative Gesprächseröffnungen können alle erdenklichen Themen beinhalten, die Bezug zur gegebenen

Situation haben, und dürfen – wie in diesem Beispiel – auch an der Grenze zum Blödsinn angesiedelt sein.

Nachdem ihre Reaktion auf diesen Gag abgearbeitet wurde, könnte dieser Kontakt mit einem eleganten Perspektivenwechsel weitergeführt werden:

♂: „Und was machst Du sonst so, wenn Du nicht gerade irgendwelche Typen auf der Straße anbaggerst? ☺"

In die gleiche Kerbe schlägt folgendes Beispiel für das Kennenlernen von Frauen im Club:

♂: „Hey, ich wollte heute genau dasselbe anziehen! Hast noch mal Glück gehabt, wäre bestimmt peinlich für Dich gewesen … ☺"

Für den Erfolg ist die Sinnhaftigkeit der Eröffnung fast völlig unerheblich, solange die überrumpelte Zielperson die Annäherung als lustig und originell empfindet.

Nonverbale Eröffnungen bestehen aus beliebig gearteten Handlungen, deren natürliche Konsequenz ein Gespräch ist. Ein klassisches Beispiel für eine solche Aktion zeigt Stanley Kubricks letzter Film „Eyes Wide Shut", eine empfehlenswerte Verfilmung von Arthur Schnitzlers „Traumnovelle", die an anderer Stelle dieses Buches noch detaillierter vorgestellt werden wird.

Alice Harford, gespielt von Nicole Kidman, besucht darin mit ihrem Gatten die Weihnachtsparty eines wohlhabenden Bekannten. Von ihrem Mann für gewisse Zeit alleine gelassen, lehnt sie scheinbar gedankenverloren an einem Tisch nahe der Tanzfläche und widmet sich ihrem Glas Champagner. Ein eleganter, grau melierter Herr – verkörpert von Sky Du Mont – dreht sich nach einem Gespräch mit einer attraktiven Dame im schwarzen

Abendkleid langsam zu Alice um und blickt sie einige Momente über die Schulter an. Alice bemerkt ihn nicht und stellt ihr Glas neben sich ab, während er jede ihrer Bewegungen aus geringer Distanz beobachtet. Seelenruhig und wie in Zeitlupe nimmt er ihr Glas in die Hand. Erst als sie nach ihrem Champagner greift, scheint sie den Mann zu bemerken. Während sie ihn irritiert darauf hinweist, dass das Glas wohl ihr gehöre, dreht er sich mit ihrem Getränk in der Hand frontal zu ihr. Provozierend sieht er ihr in die Augen und entgegnet, sich dessen sogar absolut sicher zu sein. Ohne den Blick von ihr abzuwenden, führt er ihr Glas an die Lippen, leert es in einem Zug und komplettiert damit den Bruch gesellschaftlicher Regeln. Als er das leere Glas langsam auf dem Tisch platziert, ist die Spannung zwischen den beiden greifbar. Wenige Augenblicke später führt er sie auf die Tanzfläche und der Flirt nimmt seinen Lauf ...

Bei der Eröffnung eines Gesprächs – vor allem mit einer Gruppe von Frauen – ist es wichtig, einen günstigen Energielevel aufzuweisen. Zwei Freundinnen in Partystimmung mit Sektgläsern in der Hand haben einen hohen Energielevel. Ihnen sollte man nicht allzu ruhig gegenübertreten, weil sie bestrebt sein werden, ihren Partylevel zu halten. Mit zu wenig Energie würde man ihre Stimmung senken und dagegen werden sie sich wehren, indem sie sich dem Gespräch verweigern. Die zwei Arbeitskolleginnen, die in einer Bar den Tag im Büro ruhig ausklingen lassen, sollten weniger energetisch angesprochen werden, ansonsten würde man sie stimmungsmäßig überfordern. Der eigene Energielevel sollte deshalb stets nur knapp über dem der Gesprächspartnerinnen liegen.

So viel zum Flirtinstrument ÜW, das sowohl für Gesprächseröffnung, Unterhaltung und Kennenlernen, aber auch für alltägliches Leben in einer Beziehung wärmstens empfohlen wird. Die
überheblich-witzige Art tut überall ihre Dienste, wo das Erzeugen und Halten von Anziehung zum Zwecke der Verführung
nötig ist. Da eine Beziehung nichts anderes als eine Aneinanderreihung von Verführungen ist, sollte man auch in einer Beziehung diesen Stil regelmäßig einfließen lassen.

Außerdem sorgt ÜW für einen positiven Selektionseffekt. Nur
Frauen mit Selbstvertrauen, die mit sich selbst zumindest größtenteils im Reinen sind, finden eine überheblich-witzige Art
bei Männern attraktiv. Selbstvertrauen ist eine ausgesprochen
wichtige Charaktereigenschaft einer Frau und sollte bei Ihren
Auswahlkriterien der Partnersuche eine tragende Rolle spielen. Langfristig erfüllende Beziehungen sind nur möglich bei
ausreichender psychischer Stabilität beider Partner. Poten-
zielle Geschlechtspartnerinnen mit angeknackstem Selbstvertrauen oder sogar psychischen Schäden werden durch ÜW meist
schnell ausgefiltert, was vorteilhaft ist. Es mag brutal klingen,
aber mit der Erfahrung aus über fünfzehn Jahren in festen Beziehungen rate ich von engeren Bindungen zu Frauen mit geringem
Selbstvertrauen und Selbstwertgefühl ab.

Starke, von sich selbst überzeugte Frauen sind häufig keine unbe-
schriebenen Blätter, was Männer angeht. Und das ist auch gut
so. Sie sollten keine Angst vor einer Frau als Partnerin haben,
die eine gesunde Sexualität aufweist und diese lebt. Beteiligen
Sie sich nicht an der vorherrschenden gesellschaftlichen Dop-
pelmoral, die solche Frauen häufig stigmatisiert. Sexismus und

Frauenfeindlichkeit sind nichts, woran Sie sich beteiligen sollten. Frauen haben das gleiche Recht auf sexuelle Entfaltung wie
Männer. Eine liberale Einstellung bei diesem Thema wird sich
immer zu Ihrem Vorteil auswirken!

Generell bin ich ein Befürworter von festen Bindungen. Eine
gesunde und dauerhafte Beziehung zu einer tollen Frau zu haben
ist für die Entwicklung eines Mannes meist wichtiger als Hundert
One-Night-Stands. Männer wissen allerdings oft nur bedingt,
was gut für sie ist. Männer, die versuchen, so viele Frauen wie
möglich ins Bett zu bekommen, bräuchten häufig eher eine feste
Freundin. Viele Männer, die nach einer festen Freundin suchen,
sollten sich wiederum lieber zuerst die Hörner abstoßen.

Zurück zu den Flirtinstrumenten. Das zweite, das ich hier vorstellen möchte, ist eine bestimmte „Metastrategie", die ich „101"
nenne. Ein Konzept, aus dem sich erfolgreiches Verhalten ablei-
tet. Die dargestellte überheblich-witzige Art ist genau genommen
eine konsequent angewendete 101-Strategie in Gesprächsform.
101 ist die theoretische Untermauerung, warum ÜW funktioniert, und umfasst weit mehr als nur den Bereich Kommunikation und das Kennenlernen von Frauen. Auch männliches Verhalten in einer Beziehung sollte von 101 geprägt sein. Um den
Hintergrund von 101 richtig zu verstehen, eignet sich ein Vergleich von Frauen und Katzen.

Ja, Frauen sind wie Katzen. Sie sind neugierig, spielen gerne,
aber flüchten anfangs häufig, wenn man sie streicheln will, und
kommen an, wenn man sie ignoriert. Sie können schnell eifer-
süchtig werden und ebenso schnell das Interesse an Dingen verlieren, die allzu einfach zu haben sind.

Genau dort setzt 101 an. Sie sind nicht einfach zu haben. Sie sind eine Herausforderung – ja, Sie sind der Preis. Menschen bewerten im Nachhinein Dinge höher, für die sie sich anstrengen mussten, um sie zu erreichen. Einfach zu erreichende Dinge werden als weniger wertvoll eingeschätzt. Der Katze, die so schnell das Interesse verlieren kann, sollte es nie zu einfach gemacht werden. Wenn ein Mann eine attraktive Frau erobern will, muss er bereit sein, sie schon beim Kennenlernen wieder zu verlieren. Risiko spielen ist angesagt, denn Feiglinge verlieren zwar selten, aber gewinnen auch nie. Einen Schritt vor, einen zurück. Heranziehen und wegstoßen. Mal loben, mal aufziehen. Mal ja, mal nein. Mal meldet er sich, mal nicht. Mal heiß, mal kalt. Mal eins, mal null. Das ist die 101-Strategie.

Verführung ist spontan und findet nicht auf dem Reißbrett statt. Verführung mag ein Weg von *A* nach *B* sein, aber dieser Weg verläuft nicht linear. Verführung hat eher zyklischen Charakter mit eigenem Rhythmus. Unvorhersehbarkeit ist ihr Schlüssel. Achterbahn statt Riesenrad. Aufregung statt Langeweile. Berg- und Talfahrten. Jedes klassische Drama, jede große Liebesgeschichte enthält dieses Auf und Ab. Frauen lieben es! Bewahren Sie sich deshalb das unzähmbar Männliche, auch in einer festen Beziehung. Wenigstens ein Stück weit!

Es ist außerdem empfehlenswert, die eigene Eifersucht gering zu halten und der Partnerin noch weniger davon zu zeigen. Bleiben Sie cool, was dieses Thema angeht – zumindest äußerlich. Moderate Eifersucht kann effektiv in Begierde umgewandelt werden und ist unschädlich. Teilweise ist es sogar von Frauen erwünscht, dass der Partner zumindest ein Minimum an Eifersucht an den Tag legt. Stärkere Eifersucht hingegen zerstört mit Leichtigkeit jegliche vorhandene Anziehung in einer Partnerschaft!

> *„Eifersucht ist eine Leidenschaft,*
> *die mit Eifer sucht, was Leiden schafft."*   Franz Grillparzer

Nun kennen Sie bereits wichtige Teile der Matrix der Verführung. Sie haben männlichen Wert für Frauen in seinen Ausprägungen kennengelernt und einen ersten Einblick in die Gesetze der Anziehung erhalten, zumindest in die der kurzfristigen. Einen bedeutenden Nachteil hat kurzfristige Anziehung allerdings im Unterschied zum männlichen Wert: Sie verschwindet, wenn Sie verschwinden – aus den Augen, aus dem Sinn. Deshalb nun zu den nachhaltigeren Formen von Anziehung.

Erzeugung von mittelfristiger Anziehung

Mittelfristig lang anhaltende Anziehung kann durch von der Zielperson wahrgenommene Vorselektion durch Geschlechtsgenossinnen erzeugt werden. Nichts qualifiziert einen Mann mehr als andere Frauen, die ihn begehren. Der weibliche Jagdinstinkt wird durch Konkurrenz geweckt.

Frauen sind wie Kredite: Man bekommt sie, wenn man nachweisen kann, dass man keine braucht. Gerade die vermeintliche Traumfrau sollte deshalb erkennen können, dass man auch ohne sie häufig in attraktiver weiblicher Gesellschaft und somit nicht auf sie angewiesen ist. Ihre Äußerungen sollten diese Information beiläufig transportieren, sofern sich die Dame davon noch nicht mit eigenen Augen überzeugen konnte. In diesem Fall tauchen beispielsweise regelmäßig weibliche Vornamen in den Anekdoten Ihrer Erlebnisse auf – aber bloß nicht übertreiben damit!

Hat eine Frau wahrgenommen, dass ein Mann bei der Damenwelt hoch im Kurs steht, wird sie sich daran relativ lange erinnern können. Die darauf beruhende Anziehung ist deshalb mindestens als mittelfristig anhaltend anzusehen.

Intensiver Augenkontakt bis hin zum umgangssprachlich „Blickficken" genannten „Sex mit den Augen" ist ein weiteres Mittel zur Erzeugung mittelfristiger Anziehung. Blickkontakte können auch über Entfernung – beispielsweise in einem Club – so starke wechselseitige Anziehung auslösen, dass sie durchaus als eine Vorstufe von Sex angesehen werden können und eine Frau sich auch noch Tage und möglicherweise Wochen daran erinnern wird.

Um eine möglichst hohe Intensität zu erreichen, sollte nicht zu früh weggeschaut und nicht zwischen dem rechten und dem linken Auge der Frau hin- und hergependelt werden, sondern immer nur in ein Auge geblickt werden. Dies verhindert ein nervöses Flackern Ihrer Augen und beruhigt Ihren Blick. Ein positiver Effekt, der sich auf die Frau übertragen wird.

Bei einem Blickkontakt sollten Sie dem der Frau standhalten. Trotzdem ist das Beschreiten eines Mittelwegs ratsam, denn ein Mann, der zu viel starrt, wird schnell als unattraktiv empfunden. Je attraktiver die Frau, desto schneller wird dieser Effekt wahrscheinlich eintreten – sie wird einfach zu häufig angeglotzt!

Sieht sie zuerst weg, ist auf die Richtung ihres Blicks zu achten. Schaut sie direkt nach dem Kontakt mit Ihnen nach oben, liegt geringe Anziehung vor und die Situation scheint nicht besonders aussichtsreich zu sein. Sieht sie zur Seite, steht sie Ihnen eher neutral gegenüber und der Augenkontakt sollte wiederholt werden. Senkt sie nach dem Blickkontakt ihre Augen, ist dies ein sehr gutes Zeichen und der Flirt sollte schnellstmöglich eröffnet werden!

Übrigens sind Blickkontakte mit Frauen auf der Straße fast immer ein Zeichen von erstem Interesse. Versetzen Sie sich in die Lage einer attraktiven Frau, die jeden Tag angebaggert wird – auf der Straße, im Supermarkt, es passiert einfach überall. Eine solche Frau hat gelernt, damit umzugehen und dafür Strategien entwickelt. Eine dieser Strategien ist das Ignorieren von Passanten. Auf der Straße fängt sie nur selten Blicke von Männern auf, die die Hälse nach ihr recken und Blickkontakt mit ihr förmlich erzwingen wollen. Sie würde damit nur noch mehr Anmachen provozieren und Abfuhren erteilen müssen. Entgegenkommenden männlichen Personen schaut diese Frau deshalb nur dann in die Augen, wenn sie gewisses Interesse hat. Wenn die Optik für sie akzeptabel und der erste Eindruck gut ist. Wenn sie keine blöden Sprüche und keinen aufdringlichen Spinner erwartet, den sie durch ihren Blick nur noch schwer wieder loswird.

Konkret heißt das, dass Sie bei intensivem, längerem Blickkontakt entgegenkommende Frauen sehr wohl anhalten und in ein Gespräch verwickeln können, wenn Sie sie interessant finden. Was Sie fragen oder sagen, ist eher zweitrangig – blättern Sie bei Bedarf auf das vorherige Kapitel zur Erzeugung von kurzfristiger Anziehung zurück. Stoppen Sie sie ruhig und freundlich, aber auch selbstsicher und bestimmt. Sie haben dadurch die Chance, am helllichten Tag spannendste Unterhaltungen mit Frauen zu führen.

Eine für Frauen attraktive Stimmtonalität ist ein nicht zu unterschätzendes Attraktivitätsmerkmal und sorgt für mittelfristige Anziehung. Menschen können sich sehr lange an Stimmen erinnern, die sie einmal gehört haben. Das männliche Organ zur Geräuscherzeugung ist von enormer Bedeutung für den Flirterfolg. Eine eher tiefe, volle, aber nicht zu laute Stimme ist extrem hilfreich dabei, positiv wahrgenommen zu werden.

Versuchen Sie aus dem Bauch heraus zu sprechen. Der Ton macht die Musik und die eigene Stimme unter Kontrolle zu haben, einen souveränen Eindruck. Für intensive Zwiegespräche eignet sich deshalb niemals die Tanzfläche einer Diskothek. Geflirtet wird besser in ruhiger Umgebung, damit die Stimme richtig zur Geltung kommt.

Apropos Tanzfläche: Die Tanzfläche ist, wie der Name schon sagt, zum Tanzen da. Als Mann tanzen zu können ist ein prima Wettbewerbsvorteil gegenüber Mitbewerbern, der regelmäßig auf der Tanzfläche ausgenutzt werden sollte. Wer es nicht kann, sollte es lernen oder bleiben lassen. Auch ohne tanzen zu können oder zu wollen, kann Mann höchst erfolgreich im Nachtleben Frauen kennenlernen!

Die wichtigsten Erzeuger von mittelfristiger Anziehung sind allerdings unzweifelhaft Berührungen. Es ist zielführend, Frauen vom ersten Kennenlernen an zu berühren und den Intensitätsgrad der Berührungen in angemessener Geschwindigkeit zu steigern. Ein Kuss, der kommt, ohne sich vorher mehrfach berührt zu haben, fühlt sich fremd an und ist zum Scheitern verurteilt.

Begonnen wird mit flüchtigen und vermeintlich zufälligen Berührungen, bei der Vorstellung wird ihre Hand beispielsweise etwas länger als nötig gehalten. Beim gemeinsamen Gehen durch eine Türe wird sie sanft mit der Hand am Rücken geführt. Sitzt man nebeneinander auf einem Sofa, berühren sich wie zufällig die Beine. Langes Haar wird angefasst, Hände treffen sich, Umarmungen und Küsschen folgen. Schritt für Schritt, nicht übertrieben, sondern stets angemessen, wird die Treppe der Annäherung nach oben genommen – bis zu einem richtigen Kuss. All diese Berührungen lösen bei ihr den Ausstoß bestimmter Hormone aus, der Ihnen buchstäblich in die Hände spielt.

||| Küssen für Anfänger

Küssen ist durchaus eine sehr intime Angelegenheit. Prostituierte beispielsweise haben Sex, knutschen aber im Normalfall nicht – Paare kurz vor dem Ende ihrer Beziehung häufig ebenso! Ein Kuss kann große emotionale Kraft haben und markiert für viele den Anfang einer neuen Beziehung.

Beim Knutschen mit einer noch recht fremden, aber beziehungstechnisch vielversprechenden Person ist auf einige Dinge zu achten …

Anfangs lieber etwas zu zaghaft als zu stürmisch rangehen, weniger ist hier meistens mehr. Es gilt, vorsichtig zu forschen – ohne größeren Speicheleinsatz. Leichtes Saugen, kein Beißen oder Auffressen. Zunge langsam und sanft spielen lassen, ohne gleich nach den Mandeln zu tasten. Für Liebesbisse und andere Profitechniken ist später noch Zeit!

▶

Sorgen Sie bei längerem Geknutsche für Abwechslungsreichtum, nicht langweilig werden. Frauen haben neben Mund und Lippen auch Hals, Ohren und Wangen ...

Augen geschlossen oder offen? Ich empfehle Augen zu und durch.

Alkohol, Zigaretten, Knoblauch oder Zwiebeln sollten entweder alle Beteiligten zu sich nehmen oder keiner von beiden. Achten Sie generell auf möglichst weitreichende Mundhygiene – dazu gehören neben den Zähnen auch die Zahnzwischenräume und die Zunge. Nach dem Essen und vor dem Austausch von Zärtlichkeiten deshalb bitte gründlich Speisereste aus dem Mundraum entfernen. Zähne putzen – im Optimalfall plus Zahnseide – sollte mehrfach täglich die Regel sein.

Einen eigenen Absatz widme ich an dieser Stelle einem der größten Abtörner in Sachen Mundhygiene und Zungenakrobatik, dem sogenannten Sprechkäse. Sprechkäse wird vor allem von viel und schnell sprechenden Zeitgenossen produziert. Es handelt sich dabei um Speichelansammlungen in den Mundwinkeln. In besonders ausgeprägten Fällen bilden sich sogar Blasen und eine unappetitliche Substanz von weißer, festerer Konsistenz. Achten Sie penibel genau darauf, Sprechkäse zu vermeiden. Wer dazu neigt, tut gut daran, auf eine trockenere und bedachtere Sprechweise zu achten und regelmäßig mit der Hand über seine Mundwinkel zu wischen. Keine Frau küsst gerne Lippen mit Sprechkäse!

Ein Hinweis zum Beginn der Kennenlernphase: Beim Berühren einer mehr oder weniger fremden Frau ist Vorsicht geboten. Wird dieses Anfassen falsch angestellt, kann es schnell kritisch werden. Verhält sich ein Mann zu fordernd und übertreibt es, wird sie das Gespräch unter Umständen schnell beenden. Zu seltene Berührungen können hingegen zu einem Mangel an Anziehung und anderen Problemen führen. Der oft zitierte Mittelweg ist hier nötig. Berührungen richtig auf die Situation abstimmen zu können, verlangt eine Menge Übung mit Frauen. Kein theoretisches Wissen kann praktische Erfahrung bei solch kritischen Bereichen der Verführung ersetzen. Also gehen Sie raus und üben Sie!

Erzeugung von langfristiger Anziehung

Langfristig wirkende und tief greifende Anziehung kann selten in einem Club oder beim Kennenlernen auf der Straße erzeugt werden. Diese Art von Anziehung entsteht hauptsächlich durch guten Sex. Der Mann „verankert" sich durch ihn in der Frau – sie verbindet ihn mit den angenehmen Gefühlen, die mit dem lustvollen Austausch von Körperflüssigkeiten zusammenhängen. Wenn sich bereits eine feste Bindung etabliert hat, ist guter Sex nicht weniger wichtig: Er ist die Grundlage jeder Art von nicht platonischer Beziehung.

> *„Er fragte mich, ob ich denn Sex für schmutzig hielte,*
> *und ich sagte: Sex ist schmutzig, wenn man es richtig macht."*
>
> Woody Allen

Damit Sex eine langfristige beidseitige Anziehung erzeugen kann, sind Orgasmen der Frau ohne Zweifel wichtig. Ihr sollte aber nie das Gefühl gegeben werden, dass ihr Orgasmus einen so hohen Stellenwert hat. Dies würde unnötigen Druck auf beide Beteiligten aufbauen, der die Sache dann häufig unmöglich

macht. Schließlich ist der weibliche Orgasmus etwas komplizier-
ter als der männliche. Frauen sind meist schwieriger zum Höhepunkt zu bringen als Männer. Mutter Natur will das übrigens
so: Die höchste Wahrscheinlichkeit für eine Schwangerschaft
besteht dann, wenn die Frau nach dem Mann kommt.

Im folgenden Kasten beantworte ich eine Frage, die mir gestellt
wurde, als ich an diesem Buch arbeitete. Einige solcher Fragen
werden auch in späteren Kapiteln zu finden sein.

||| ♂: „Meine neue Freundin reagiert im Bett völlig anders
als meine Ex. Was ist da los?" (F., 27)

Keine Frau ist wie die andere. Vorlieben und körperliche Begeben-
heiten können sich von Frau zu Frau stark unterscheiden. Versuche Deine Partnerin sexuell bestmöglich kennenzulernen und
ergründe ihre Geheimnisse. Worauf steht sie, wie will sie angefasst werden, wann schnurrt sie wie ein Kätzchen? Wenn Du gelernt hast, wie sie funktioniert, perfektioniere Deine Technik und
Du kannst der beste Liebhaber werden, den sie je hatte.

Den Orgasmus der Frau in den Mittelpunkt der sexuellen Bezie-
hung zu stellen ist genauso falsch wie ihn zu ignorieren. Frauen
sollten nie das Gefühl vermittelt bekommen, es würde sich im
Bett alles nur um sie drehen. Ich rate zu einer gesunden Portion
Egoismus und gelegentlichen Gesprächen über das gemeinsame
Sexleben, in denen beide Seiten ihre Wünsche offenbaren. Der
Sexualwissenschaftler Volkmar Sigusch rät in einem Interview
mit dem „Spiegel", Vorlieben zu äußern, aber das Geheimnis-

volle dabei nicht zu zerstören. Sich in einer Beziehung sexuell ausleben zu können, ist eine Grundvoraussetzung für deren glückliche Fortdauer.

||| ♂: „Wie kriege ich es hin, dass meine Freundin im Bett Dinge macht, die bisher Tabu waren?" (H., 30)

Erstens empfehle ich regelmäßige Gespräche über Sex, so ungewohnt sich diese zu Beginn auch anfühlen mögen. Bitte nicht alles zerreden, aber ein gelegentlicher Austausch über dieses Thema ist in einer Beziehung durchaus wichtig. Während dieser Unterhaltungen sollten beide Seiten sich trauen, sexuelle Wünsche zu äußern. Sofern Du ihre Wünsche erfüllst, wird sie Deine kaum ablehnen können, richtig?

Zweitens empfehle ich bezüglich Deiner Wünsche, nicht immer um Erlaubnis zu fragen und alles haarklein vorher anzukündigen. Kennst Du Charlie Harper? „Bitte lieber um Verzeihung als um Erlaubnis" ist eine der wichtigsten Maximen des von Charlie Sheen verkörperten Helden der amerikanischen Sitcom „Two and a half Men". Diesen Ratschlag würde ich Dir gerne mitgeben. Bitte Deine Freundin lieber danach um Verzeihung, falls Du über die Stränge geschlagen hast, als ständig kleinmütig um irgendwelche sexuelle Handlungen zu betteln. Riskier was!

Guter Sex hin oder her: Lassen Stress, finanzielle Schwierigkeiten oder andere Lustkiller grüßen, können Sie nicht immer gut sein. Aber Sie können versuchen, niemals langweilig zu werden. Berechenbarkeit und Routine im Bett sind der Anfang vom Ende einer Beziehung.

Übrigens, was ist denn überhaupt guter Sex aus Sicht der Frau? Meiner Erfahrung nach gibt es auf diese Frage nicht eine einzige Antwort, genauso wenig wie es nicht „die Frau" gibt. Keine Frau ist wie die andere. Das gilt für sexuelle Vorlieben genauso wie für alle anderen Präferenzen einer Frau im Leben.

Da wir an dieser Stelle trotzdem zumindest näherungsweise klären wollen, was guter Sex aus weiblicher Sicht ist, fragen wir einfach Karen Owen, eine Expertin auf diesem Gebiet. Karen Owen ist eine amerikanische Studentin, die es über die USA hinaus in die Schlagzeilen geschafft hat. Ihre viel beachtete PowerPoint-Präsentation, die ihr eigenes Sexleben an der Uni illustriert, verbreitete sich im Jahr 2010 rasend schnell im Internet. Karen hatte den klitzekleinen Fehler begangen, dieses heikle Dokument an ein paar Freunde zu schicken. Nun, einer ihrer Freunde muss diese E-Mail „aus Versehen" an einige seiner Freunde weitergeleitet haben und schon war der Weg bereitet für den weltweiten Siegeszug ihrer empirischen Arbeit aus dem Bereich des Horizontalen. Zur schriftlichen Beurteilung ihrer Liebhaber aus einschlägigen Baseball- und Lacrosse-Teams wendet sie ein eindrucksvolles Bewertungssystem mit acht Kategorien an, das uns im folgenden Infokasten die weibliche Sichtweise auf guten Sex beispielhaft näherbringen soll.

||| **Weibliche Sicht auf guten Sex**

Kategorie 1: Physische Attraktivität

In dieser Kategorie vergibt Karen Owen Punkte für Körpergröße, Muskelmasse und Körperfettanteil, Ästhetik von Kieferpartie, Augen nebst Brauen, Gesicht und Penis sowie Frisur und Fülle der Kopfhaare.

Wie unschwer zu erkennen ist, spielt das Aussehen des Sexualpartners eine große Rolle bei dessen Beurteilung. Auch deshalb lege ich in diesem Buch großen Wert auf Verbesserungsvorschläge und Tipps, die sich auf Äußerlichkeiten beziehen.

Kategorie 2: Größe

Nein, dieses Mal ist nicht die Körpergröße gemeint. Und ja, „Auf die Größe kommt es nicht an" ist gelogen. Richtig ist zwar, dass ab einer gewissen Mindestgröße das Thema kein größeres Problem darstellt. Vorteile haben gut ausgestattete Männer aber immer.

Wie bereits an anderer Stelle erwähnt, ist das zu diesem Thema passende Google-Stichwort „Jelqing". Damit können zwar keine Wunderdinge vollbracht werden, aber der „kleine Johnny" kann mit speziellen Übungen trainiert werden und dadurch Wachstum in Länge und Breite sowie eine gewisse Leistungssteigerung verzeichnen.

Kategorie 3: Talent

In diesem Bereich vergibt Karen Punkte für den fachmännischen Einsatz von Händen, Mund und dem eigentlichen Spielgerät. Gesondert merkt sie an, dass diese Kategorie streng von der vorherigen getrennt zu behandeln sei.

Daraus darf abgeleitet werden, dass Männer, die in Sachen Penisgröße zu kurz gekommen sind, mit entsprechend guter Technik einiges ausgleichen können.

Kategorie 4: Kreativität

Hiermit ist gemeint, dass der Mann Pluspunkte dafür bekommt, wenn er hinsichtlich Location und Stellung Einfallsreichtum beweist. Zusätzlich sollte er dann auch souverän mit diesen neuen Umgebungen und extravaganteren Positionen umgehen können.

Ja, nicht nur Männer stehen auf Abwechslung!

Kategorie 5: Dominanz

Diese Kategorie zeigt, dass Karen auf dominante Männchen steht. Sie verteilt für aggressives Verhalten im Bett nämlich Bonuspunkte.

An dieser Stelle muss erneut darauf hingewiesen werden, dass solche sexuellen Vorlieben von Frau zu Frau völlig unterschiedlich ausgeprägt sein können und niemals verallgemeinert werden sollten. Es gibt genauso Frauen, die dieses Verhalten nicht belohnen!

Kategorie 6: Unterhaltsame Persönlichkeit

Humor, lockere Sprüche und nicht allzu große Schweigsamkeit im Bett ziehen bei Karen. Zudem steht sie auf „Dirty Talk".

Karen will entertaint werden und ist in dieser Hinsicht sicher nicht die einzige Frau auf der Welt. Ob alle ihre Vorliebe für schmutzige Gespräche teilen, wage ich allerdings stark zu bezweifeln.

Kategorie 7: Sportliche Fähigkeiten

Dem Charme besonders guter Baseballer und Lacrosse-Spieler kann sich Karen einfach nicht entziehen.

Diese Kategorie ist hauptsächlich auf den hohen männlichen Überlebenswert zurückzuführen, den Karen in einem herausragenden Sportler sieht. Dieser Wert ist bei Karen mehr oder weniger direkt mit Sex verknüpft.

Kategorie 8: Sonderpunkte

Hier spielen für die Studentin Faktoren wie das Vorhandensein eines australischen Akzents eine Rolle. Ein kanadischer Einschlag würde hingegen Minuspunkte nach sich ziehen.

Sonderpunkte kann Mann bei jeder Frau sammeln, wenn auch nicht unbedingt durch einen Akzent. Welche Faktoren wann zu Sonderpunkten führen, ist von Frau zu Frau selbstverständlich vollkommen unterschiedlich.

Ein Hinweis zur richtigen Beleuchtung beim Sex: Neonröhren eignen sich im Schlafzimmer nur bedingt, um für erotische Stimmung zu sorgen. Die meisten Menschen haben lieber indirektes Licht beim Austausch von Zärtlichkeiten. Aber Vorsicht: Bei einer noch unbekannten Frau sollten nicht gleich Kerzen aufgefahren werden – zu bemüht und zu offensichtlich für den Anfang! Weniger ist hier oft mehr – verzichten Sie also bei neuen Partnerinnen sowohl auf Festbeleuchtung als auch auf Kerzenschein.

Da nun auch das Thema Sex behandelt wurde, haben Sie alle Arten von Anziehung kennengelernt und die Wege, wie sie erzeugt werden kann. Die folgende Darstellung zeigt dies noch einmal im Überblick.

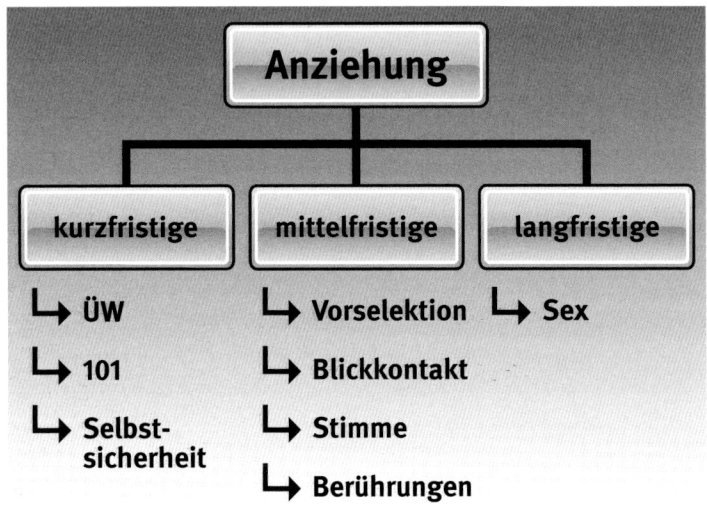

Es gibt verschiedene Arten von Anziehung.

Wie wir gesehen haben, kommt der Anziehung im Prozess der Verführung besondere Bedeutung zu, ist sie doch der erste Schritt. Dieser wird maßgeblich vom Flirt und dem Einsatz gewisser Instrumente wie ÜW und 101 bestimmt. Der Flirt wiederum lebt von sexueller Spannung, sie ist gewissermaßen dessen Treibstoff. Demzufolge ist sexuelle Spannung unerlässlich für den gesamten Prozess, schließlich endet dieser – einige von uns kennen es aus eigener Erfahrung – in einem körperlichen Akt, in dem die Spannung dann abgebaut wird. Von höchster Wichtigkeit ist deshalb, sexuelle Spannung als überaus kostbar anzusehen, ihre Kraft nicht zu vergeuden oder zu beschädigen. Sie sollte niemals vor dem Sex abgebaut werden! Leider tun genau das fast alle Vertreter des männlichen Geschlechts ständig, wenn sie in Gesellschaft attraktiver Frauen sind. Wie sie das tun und wie sie es schaffen können, diese folgenschweren Fehler nicht mehr zu begehen und die so immens wichtige sexuelle Spannung aufrechtzuerhalten, zeigt der folgende Abschnitt.

Erhaltung von sexueller Spannung

„Do less, not more.“   60 Years of Challenge

Die gute Nachricht vorweg: Um sexuelle Spannung zu erhalten, müssen wenig Dinge unternommen werden. In diesem Kapitel geht es vielmehr darum, was nicht passieren sollte. Und – wie der bekannte New Yorker Dating Coach 60 Years of Challenge sagt – in manchen Fällen auch wirklich darum, weniger statt mehr zu tun.

Es gibt viele kleine und größere Verhaltensweisen, die Spannung reduzieren. Dieser Abschnitt soll Ihnen helfen, diese in Ihrem eigenen Verhalten zu erkennen und aus gewissen Situationen zu verbannen.

Beispiele sind Höflichkeiten, Kommentare, Lachen, Reagieren, Zappeln, kleine Gefallen, bestimmte Mimik und Gestik. Völlig normale Dinge, die in manchen Situationen allerdings kontraproduktiv wirken, vor allem im Umgang mit Frauen. Wir nennen sie ab jetzt Ventile. Sie sorgen dafür, dass sexuelle Spannung aus einer Interaktion entweicht wie Luft aus einem Fahrradreifen.

Wir werden in unserem täglichen Leben im Umgang mit Menschen nicht ohne Ventile auskommen, aber wir können üben, in Gesellschaft von attraktiven Frauen in bestimmten Situationen bewusst Ventile zu vermeiden.

Dieser Abschnitt zur Erhaltung von sexueller Spannung hat die Funktion eines ausgleichenden Gegengewichts zu den Passagen über die Erzeugung von Anziehung. Ich will damit dem möglichen Eindruck entgegenwirken, man müsse eine Art Alleinunterhalter spielen, um bei Frauen anzukommen. Oder ständig irgendetwas tun und irgendwelche Tricks anwenden. Das ist nicht der Fall. Der Trick ist manchmal, gar nichts zu tun.

Viele Frauen und Männer, die sich über den Weg laufen, sind kompatibel – also wäre Sex zumindest theoretisch möglich. Wir können davon ausgehen, dass grundsätzlich eine gewisse Grundspannung zwischen kompatiblen Menschen verschiedenen Geschlechts vorliegt. Mutter Natur will das so, weil aus sexueller Spannung ganz gerne Nachwuchs entsteht. Also geht es häufig darum, diese nicht entweichen zu lassen. Sie ist in manchen Situationen einfach da, mehr oder weniger automatisch! Manchmal gibt es deshalb von männlicher Seite absolut nichts zu reden oder zu unternehmen. Manchmal ist es besser, einfach nur da zu sein – äußerlich nicht zu reagieren und die sexuelle Spannung auszukosten.

Leider spielt unsere Erziehung da nicht mit. Wir alle sind dazu angehalten, Spannungen zu reduzieren, damit sich die anderen Menschen um uns herum wohlfühlen. Um Aggressionen zu vermeiden, Streit, und Schlägereien. Um den Frieden zu wahren. Abweichendes Verhalten wird sanktioniert – darauf basiert unsere Zivilisation. Gut erzogen reduzieren wir Spannung vor allem in Gesellschaft von Frauen, schließlich sollen sie sich bei uns wohlfühlen. Deshalb sind wir höflich, zuvorkommend und lesen Wünsche von den Augen ab. Machen ein betroffenes Gesicht bei unschönen Themen, nicken, wenn sie glaubt, recht zu haben, und lachen auch über ihre unlustigen Witze.

Allerdings ist dies kein Verhalten, das uns ins Bett schöner Frauen bringt. Warum nicht? Weil dieses Verhalten sexuelle Spannung reduziert!

Frauen wollen Männer, die Spannung aushalten und nicht reduzieren müssen. Das gilt für Spannungen mit der Umwelt des Mannes ebenso wie für Spannungen zwischen ihr und ihm. Eine Frau wird sich nur schwer von einem Mann angezogen fühlen, der weniger sexuelle Spannung aushält, als sie es kann.

Beim Spiel der Verführung kommt es deshalb nicht zuletzt darauf an, wer die kleinen Spannungskämpfe verliert, die jeder von uns kennt: Wer beim heißen Blickkontakt zuerst wegschaut. Wer beim Vorstellen zuerst die Hand zurückzieht. Wer bei unangenehmer Stille unter dem Druck zusammenbricht und zuerst das Gespräch wieder aufnimmt. Wer als Erstes darüber sprechen muss, was hier gerade abläuft und worum es sich bei dieser Begegnung zwischen Mann und Frau genau handelt. Wer eine wie auch immer geartete Beziehung unbedingt klassifizieren muss. Wer zu früh seine Gefühle gesteht. Wer nach wenigen Wochen von Liebe spricht.

Es gibt Hunderte Beispiele für diese Spannungskämpfe. Verliert der Mann zu viele dieser kleinen Schlachten, verliert er den Krieg!

Wer Hitze nicht aushält, gehört nicht in die Küche, und wer Spannung nicht standhält, wird nicht erfolgreich flirten. Männer sollten sich nicht scheuen, sich als sexuelle Wesen zu präsentieren. Zu sich und dem „Johnny" in der Hose zu stehen ist ausgesprochen wichtig. Männer, die mit sich selbst und ihrer Sexualität im Reinen sind, ziehen attraktive Frauen an. Zur eigenen Sexualität zu stehen sollte dabei nicht mit sichtbarer „Notgeilheit" verwechselt werden. Männer werden für Frauen unattraktiv, wenn sie zu offensichtlich auf der Suche sind. Der Eindruck von Bedürftigkeit sollte deshalb unbedingt vermieden werden.

In der Praxis verringern Männer bereits Spannung, indem sie sich beim Ansprechen einer Frau als Allererstes dafür entschuldigen. Dadurch fühlen sich alle Beteiligten wohl, sämtliche Formen der Höflichkeit werden gewahrt – aber die sexuelle Spannung wird im Keim erstickt.

Viele Männer haben außerdem panische Angst vor unangenehmen Gesprächspausen und versuchen deshalb unter allen Umständen, Stille zu verhindern. Die Frau wird im Gespräch häufig krampfhaft zwangsbespaßt und bekommt von ihm den Eindruck eines Zirkusäffchens, das sich vor ihr qualifizieren und produzieren will. Entsteht wider Erwarten doch ein Moment der Stille, brechen meist die Männer unter dem Druck zusammen und werfen als Ventil einen substanzlosen Pausenfüller ein, der sämtliche Spannung entweichen lässt wie heiße Luft.

Wenn die Frau tatsächlich doch dazu kommen sollte, eine eigene Anekdote zum Besten zu geben, überschlägt sich der Mann darin, auf jedes Wort ihrer Rede Reaktionen zu zeigen. Nicken, Mimik und Gestik sollen Anteilnahme und konzentriertes Zuhören signalisieren, das festgetackerte Lächeln sie ermuntern, in ihrer Geschichte fortzufahren. Leider ist das Gegenteil der Fall. Männer, die an den Lippen der Erzählerin hängen, werden meist schnell uninteressant. Der Katze in der Frau wird es damit zu einfach gemacht. Stattdessen sollten Sie manchmal eher ein Pokerface aufsetzen und mit Feedback haushalten. Etwas schwächere Rückmeldung gibt ihr einen Anreiz, sich mit ihren Worten und ihrer Persönlichkeit noch mehr zu qualifizieren.

Selbst möglicher Widerstand der Frau gegen Bemerkungen, Berührungen oder einen Kuss des Mannes ist nicht unbedingt negativ zu sehen, weil dieser Widerstand Spannung kreiert. Der Mann darf allerdings nicht auf diesen Widerstand reagieren, sondern sollte eher so tun, als ob nichts geschehen wäre. Selbst ein Lachen oder ein Kommentar wäre in solchen Situationen ein kontraproduktiv wirkendes Ventil: Spannung würde entweichen. Jeder Gesichtsausdruck, der den Vorgang kommentiert, hätte den gleichen Effekt und ist deshalb zu vermeiden. Bleiben Sie cool!

Bitte Vorsicht: Ich empfehle hier niemandem, andere Menschen zu belästigen. Nein bedeutet nein und ist zu respektieren.

Wenn eine Frau die sexuelle Spannung spürt, die zwischen ihr und einem Mann herrscht, kann dies sehr unangenehm für sie sein. Es ist möglich, dass sie versuchen wird, diese Spannung abzubauen. Sie tut dies, indem sie Ventile einsetzt, um mit der unangenehmen Situation zu brechen. Der beste Weg, um die Spannung zu erhalten, ist der, nicht auf die von ihr benutzten Ventile einzugehen, möglichst wenig zu reagieren. Dadurch verpuffen ihre Maßnahmen und die Spannung bleibt erhalten. Ein

Kommentar, der ihr offensichtlich als bloßes Ventil dient, sollte einfach ignoriert werden. Generell sollte im Umgang mit einer attraktiven Frau hin und wieder gewagt werden, sie und ihre Handlungen zu ignorieren. Wann dies sinnvoll ist, werden Sie mit einiger Übung lernen. Wohldosiertes Ignorieren kann häufig der Spannung nützen …

Bei Widerstand sollte allerdings immer möglichst wenig Reaktion gezeigt werden. Wenn eine Frau ihre Nummer nicht herausgeben will und dafür Begründungen oder Ausreden anführt, sollte darüber kein Wort verloren oder gar ein zweites Mal nachgefragt werden. Diskutieren oder Betteln ist keine Option. Stattdessen sollte man einfach da sein, vielleicht ein wenig näher kommen und sie einen Moment lang wort- und ausdruckslos anschauen. Die entstehende unangenehme Stille muss ausgehalten werden. Auf diese Weise wird ein sogenanntes Vakuum erzeugt. Sie wird mit hoher Wahrscheinlichkeit unter diesem Druck zusammenbrechen und Ihnen als Ventil doch ihre Nummer geben oder zumindest einen Kompromissverschlag machen. Falls nicht, ist das einzig angemessene Ventil ein Achselzucken. Übrigens eine stark unterschätzte Geste im Umgang mit Frauen, richtig angewendet kann sie sehr wirksam sein!

Samstagabend, halb zehn. Sascha und ich lehnen in über 100 Metern Höhe an Nasirs Bar im noch halb leeren Club. Auf einer winzigen Bildröhre gewinnt gerade Dänemark gegen Kamerun und hat unsere volle Aufmerksamkeit. Zwei attraktive, mir völlig unbekannte Damen unterbrechen unser Schweigen. Sie begrüßen Sascha recht vertraut. Ich merke, dass er wie ich keine Ahnung hat, wen er vor sich sieht. Als ich begrüßt werde, stelle ich mich vor. Offensichtlich unnötig:

♀: „Oh, hey, wir kennen uns schon!"

♂: „Ach was!",

zitiere ich Loriot und mache keinerlei Anstalten, nachzufragen, woher ich sie angeblich kennen soll. Sie erklärt es mir trotzdem. Ich kommentiere ihre Erklärung nicht, sondern sage:

„Ich muss dann mal weiter gucken."

Während sie ungläubig aus der Wäsche schaut, weise ich lakonisch auf den Fernseher.

Mit Interesse wird diese Szenerie von unseren zwei weiblichen Begleitungen beobachtet, die sich einige Schritte entfernt unterhalten.

Ohne auf weitere Sätze meiner Gesprächspartnerin weiter einzugehen, drehe mich langsam um. Ich merke, wie sich Sascha ebenfalls ab- und der Glotze zuwendet. Sekunden später hat uns das Spiel wieder. Gleichzeitig spüre ich förmlich, wie mit dieser Aktion an der Grenze zur Unverschämtheit Spannung erzeugt wurde. Die Anziehung blieb den ganzen Abend über groß. Obwohl wir offensichtlich bereits weibliche Gesellschaft genossen, hielten sich die beiden Frauen für den Rest des Abends ständig in unserer Nähe auf. Und auch die Spannung zu unseren Begleitungen, die wir mitgebracht hatten, schien nicht kleiner geworden zu sein, im Gegenteil …

Aber warum ist das so?

Egal ob Männlein oder Weiblein, wir sind sensibel gegenüber Personen, von denen wir uns Bestätigung erhoffen. Von jemandem, der uns wichtig ist, den wir sexuell attraktiv finden oder Ähnliches. Wir reagieren also sehr schnell auf Handlungen dieser Person, sind beeinflussbar und im Umgang mit ihr tendenziell schwächer als mit anderen Menschen.

Einer Person gegenüber, die uns mehr oder weniger egal ist, sind wir hingegen weniger sensibel. Verhalten wir uns ihr gegenüber dementsprechend, so ist die Wahrscheinlichkeit groß, dass sie Anstrengungen unternimmt, Bestätigung von uns zu bekommen.

Folglich sollten wir versuchen, uns im Umgang mit attraktiven Personen, von denen wir Bestätigung wollen, zurückzuhalten: Das gilt vor allem für die erste Phase des Kennenlernens. Nicht nur deshalb ist es häufig unklug, zu früh zu starkes Interesse zu signalisieren. Wohldosierte Nichtbeachtung kann ein gutes Mittel sein, um Interesse und Spannung beim Gegenüber zu erzeugen, zu erhalten oder zu verstärken.

Als Faustregel gilt: Je attraktiver Ihr unbekannter weiblicher Gesprächspartner, desto mehr sollten Sie darauf achten, nicht zu früh zu viel Interesse zu zeigen. Jedes andere Verhalten würde Spannung reduzieren und Sie womöglich uninteressant machen! Bei verschiedenen, aber auf den ersten Blick gleichwertigen Handlungsoptionen ist eine gute Faustregel, immer die Handlungsalternative zu wählen, die mehr Spannung produziert. Ein oder zwei Tage, nachdem man die Nummer einer Frau bekommen hat, ist ein Anruf meist vorteilhafter als eine SMS. Ein Anruf verursacht viel mehr Spannung, während eine SMS der Frau Zeit lässt und für sie weitaus komfortabler ist – komfortabel vor allem, um abzusagen.

Noch spannender ist freilich, sie persönlich auf eine Verabredung einzuladen. Wir wollen, dass die Spannung ihr Herz schneller schlagen und sie schwerer atmen lässt. Auch wenn sich diese Spannung für beide Seiten nicht immer besonders angenehm anfühlt.

Zu diesem Thema fällt mir Ulli Lommel ein, ein deutscher Schauspieler, der zumindest in jungen Jahren sehr erfolgreich bei Frauen war. Vielleicht ist er das auch heute noch, mittlerweile ist er allerdings im Rentenalter. Lommel wurde in einem Interview mit dem „Spiegel" gefragt, warum er so erfolgreich bei Frauen war. Er antwortete folgendermaßen:

„Ich war anders. Als ich mit Rudolf Thome ‚Detektive' drehte, erschien am Set eine achtzehnjährige Debütantin. Ihr Name war Iris Berben. Ihr erster Auftritt war eine Liebesszene mit mir. Ich habe sie völlig ignoriert, weder Guten Tag gesagt noch mich vorgestellt. Nach der Szene bin ich ohne ein Wort weggegangen. Abends gab es ein Essen, zu dem ich zu spät kam. Ich ging auf Iris zu, nahm sie bei der Hand und sagte: ‚Wir gehen jetzt!' Das funktionierte. Wir waren dann ein halbes Jahr zusammen."

Nun haben Sie bereits das Konzept von Wert im ersten Teil dieses Buches kennengelernt und wissen, dass Lommel als damals bereits bekannter Schauspieler einen imposanten Status und damit einen hohen Überlebenswert für die junge Iris Berben hatte. Unnötig zu erwähnen, dass der Frauenheld Lommel auch einen hohen Fortpflanzungswert verkörperte. Worum es hier aber geht, ist ein im Zusammenhang mit Anziehung beispielhafter Umgang mit sexueller Spannung. Lommel lässt die Spannung zwischen ihm und Berben nie durch ein Ventil entweichen, weil er kein Wort sagt und so für höchste Unvorhersehbarkeit und Anziehung sorgt.

||| Zusammenfassung

Anziehung kann mithilfe bestimmter Werkzeuge aktiv erzeugt werden. Manche dieser Werkzeuge produzieren Anziehung, die sehr lange anhält. Benutzt man andere, verfliegt sie sehr schnell wieder. Es sollten alle Werkzeuge eingesetzt werden.

Kurzfristig anhaltende Anziehung lässt sich vor allem durch die richtige Kommunikation erreichen. Die entsprechenden Werkzeuge heißen ÜW und 101 – unterstützt von einer großen Portion demonstrierter Selbstsicherheit. Ob diese wirklich vorhanden ist, ist dabei eher zweitrangig: Hauptsache, Sie wirken von sich selbst überzeugt. Fokussieren Sie sich aber niemals nur auf kurzfristige Anziehungserzeuger – Sie kennen den Spruch: Aus den Augen, aus dem Sinn!

Auch die Werkzeuge der mittelfristig anhaltenden Anziehung sind für wirklichen Erfolg beim weiblichen Geschlecht von großer Bedeutung: Vorselektion durch andere Frauen, intensiver Augenkontakt, intime Gespräche durch gekonnte Kontrolle der eigenen Stimme und sich steigerndes Berühren der Frau.

Last, but not least: Guter Sex sorgt für intensivste und dauerhafteste Anziehung zwischen Frau und Mann.

Der Erhaltung von sexueller Spannung kommt dabei eine Sonderrolle zu. Mit dieser Energie fachmännisch umgehen zu können und sich der kleinen Spannungskämpfe zwischen den Geschlechtern bewusst zu sein, kann über Erfolg und Misserfolg entscheiden.

Grenzen der Anziehung

So wichtig funktionierende Anziehung nebst sexueller Spannung auch ist – Anziehung & Co. alleine sind im Normalfall vor allem auf längere Sicht nicht tragfähig. Nachhaltiger Erfolg ist damit unwahrscheinlich. Männer, die eine hohe Anziehung haben, aber geringen Wert aufweisen, haben häufig mit falschen Telefonnummern und ähnlichen Problemen zu kämpfen. Warum das so ist, erklärt das Beispiel von Machmut, dem Macho.

Machmut, von manchen auch „Macho-Machmut" genannt, kann nicht allzu viel, aber findet sich dafür ganz schön dufte. Alle Frauen stehen auf ihn, sagt er. Machmut ist ein ganz schönes Arschloch, sagen viele Frauen. Machmut ist nicht der Hellste und besonders sensibel ist er auch nicht. Seine mangelnde Sensibilität ist aber nicht unbedingt nur von Nachteil im Umgang mit Frauen: Spannung auszuhalten ist für ihn kein Problem, Machmut bleibt da ganz cool.

Dementsprechend läuft es bei Machmut auch ganz gut, wenn er in der Großraumdiskothek mit seinen Kollegen Spaß hat. Meistens geht er mit zwei oder drei neuen Telefonnummern nach Hause und sogar geknutscht wird hin und wieder am Rand der Tanzfläche. Letztes Wochenende mit Katrin. Katrin war ganz schön betrunken und macht solche Sachen normalerweise nicht, wie sie sagt, aber der gebräunte Machmut in seinem lässigen Unterhemd war einfach zu süß.

Am nächsten Tag mit dickem Kopf ist ihr die Fummelei mit Machmut ganz schön peinlich. Sie kennt ihn ja kaum und ihr Typ ist er eigentlich auch nicht. Den gestrigen Abend würde sie am liebsten so schnell wie möglich vergessen. Als ihr Handy klingelt, befürchtet sie schon, unangenehm an ihren Absturz erinnert zu werden. Bis ihr einfällt, dass Machmut eine kreative Variante ihrer Telefonnummer mit einigen kleinen Zahlendrehern bekommen hat. Bei solchen Typen macht Katrin das manchmal. Machmut ist deshalb nicht der erste Discokönig, der auf den Anrufbeantworter einer Wäscherei spricht, als er versucht, Katrin zu erreichen.

Tja, und Machmut passiert das ebenfalls nicht zum ersten Mal. Immer wieder muss er sich darüber wundern, dass viele Mädels sich ihre eigene Nummer scheinbar nicht merken können. Nun gut, auf manche trifft das alkoholbedingt vielleicht sogar zu. Für die Mehrzahl der anderen falschen Nummern gibt es allerdings andere, viel wahrscheinlichere Erklärungen. Zum Beispiel ein großer Mangel an Wert, den Machmut in den Augen vieler Discobekanntschaften aufweist. Sein Stil ist für die meisten Mädels grenzwertig, seine Persönlichkeit fragwürdig und sein Status ebenso unklar wie mögliche Gemeinsamkeiten. Folglich kann Machmut seinen Überlebenswert getrost vergessen, vorhandener Fortpflanzungswert alleine nützt da wenig. Abgesehen davon, dass Machmut beim Thema Intelligenz, einem Kriterium des Fortpflanzungswerts, nicht besonders positiv auffällt …

Seine zweifellos vorhandene Anziehung bringt ihm zwar immer wieder neue, oberflächliche Bekanntschaften, aber die eingesammelten Telefonnummern nützen ihm meist wenig. Mit seinem machohaften Auftreten und seinen markigen Sprüchen kann er im Discolicht zwar punkten, aber danach wiedersehen möchten ihn die Wenigsten.

||| **Zusammenfassung**

Anziehung alleine bringt wenig, wenn sie nicht mit einem ausreichenden Maß an Wert unterfüttert wird. Mit einem hohen Maß an Anziehung, aber wenig Wert lernt man zwar Frauen kennen und kann in den ersten Minuten und Stunden unter Umständen punkten. Je weiter allerdings die Zeit voranschreitet, umso geringer werden die Chancen werden. Frauen sind auf Männer von hohem Wert programmiert – biologisch und gesellschaftlich. Einige lassen sich von hoher Anziehung eines Mannes zu Anfang blenden, dauerhaft wird das aber selten gelingen.

Management von Wert und Anziehung

Nun, da Sie Wert und Anziehung kennengelernt haben, werden in diesem Kapitel beide Konzepte zu einem Modell zusammengeführt. Das Wert-Anziehungs-Modell soll Ihnen ermöglichen, sich selbst einordnen zu können, eigene Schwächen zu erkennen und diese gezielt anzugehen. Aus dem Modell folgen also Hinweise zum Management Ihres Wertes und Ihrer Anziehung. Am Ende des Kapitels gehe ich auf das optimale Verhältnis von Wert und Anziehung ein und illustriere dies am Prozess einer beispielhaften Verführung.

Das Wert-Anziehungs-Modell

Die bewusst einfach gestaltete Darstellung des Wert-Anziehungs-Modells beschränkt sich auf ein einfaches Koordinatensystem mit X- und Y-Achse. Nichts weiter als ein Schaubild, um sich komplizierte Dinge möglichst einfach vor Augen halten zu können. Es ist in vier Felder aufgeteilt – ein Prinzip, das aus der betriebswirtschaftlichen Portfolioanalyse übernommen wurde. Männlicher Wert als potenzieller Geschlechtspartner für eine Frau wird auf der X-Achse abgetragen. Diese verläuft horizontal nach rechts. Je weiter rechts man sich im Schaubild befindet, desto höher ist der Wert des Mannes.

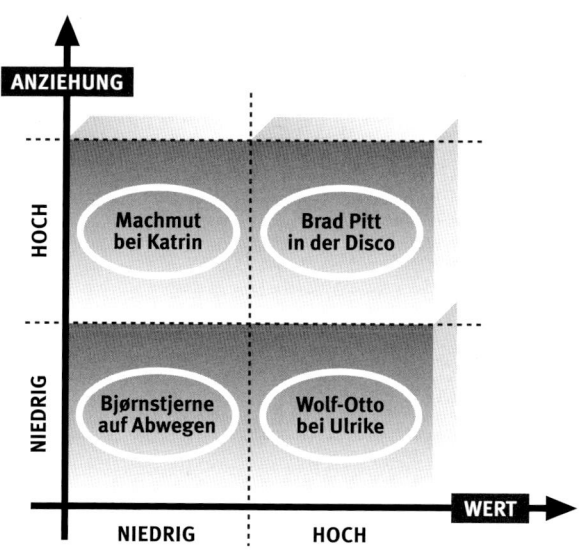

Das Wert-Anziehungs-Modell.

Die Y-Achse verläuft im Diagramm von unten nach oben und zeigt die Anziehung des Mannes. Je weiter oben im Diagramm, desto mehr Anziehung ist gegeben.

In der Portfoliografik habe ich Beispiele eingeordnet, die Sie in diesem Buch bereits kennengelernt haben. Angefangen beim im Hip-Hop-Club wenig erfolgreichen norwegischen Metaller Bjørnstjerne. Er befindet sich im linken unteren Feld, sein Wert und seine Anziehung sind als ausgesprochen gering einzustufen. Wohlgemerkt ist hier die Situation in der für ihn ungewohnten Location gemeint: Wir betrachten ihn also mit den Augen der weiblichen Black-Music-Fans in der Hip-Hop-Disco.

Wolf-Otto hat in den Augen seiner angebeteten Ulrike zwar relativ hohen Wert, lässt aber die nötige Anziehung vermissen. Auf seinen Wert als Freund und Heimwerker greift sie deshalb lieber auf platonische Weise zurück. Wolf-Otto landet im rechten unteren Quadrat.

Discokönig und Vollblutmacho Machmut befindet sich im oberen linken Quadranten. Anziehung liegt vor, aber leider viel zu wenig Wert, um bei Frauen nachhaltig erfolgreich zu sein. So auch bei seinem letzten Abenteuer namens Katrin.

Für dauerhaften Erfolg braucht es einen hohen Wert und eine hohe Anziehung. Sollte sich Brad Pitt eines Tages in Machmuts Lieblingsgroßraumdisco verirren, dürfte sich für den armen Machmut kaum noch jemand interessieren. Die Anwesenheit des Hollywoodschauspielers würde sich wie ein Lauffeuer herumsprechen, der VIP-Bereich müsste streng gesichert werden wegen der Horden weiblicher Interessentinnen. Pitt würde die Skalen von Wert und Anziehung in dieser Location förmlich sprengen. Allein in Sachen Anziehung – ausgelöst durch die Vorselektion der Geschlechtsgenossinnen – würde er an diesem Abend neue Maßstäbe setzen. Für diesen Effekt müsste der Weltstar rein gar nichts tun, seine bloße Anwesenheit reichte aus, um die Massen zu mobilisieren. Die Frage nach der Einordnung Pitts dürfte nicht allzu schwer zu beantworten sein: Er vertritt das begehrte Viereck oben rechts in unserer kleinen grafischen Analyse.

Die weitaus wichtigere Frage lautet aber an dieser Stelle: Wo sind Sie einzuordnen?

Welcher der vier Beispielfälle Bjørnstjerne im Hip-Hop-Club, Wolf-Otto, Machmut und Brad Pitt in der Großraumdisco kommt Ihrer Wert-Anziehungs-Kombination bei einer für Sie interessanten Frau am nächsten?

Versuchen Sie sich möglichst realistisch anhand sämtlicher Dimensionen von Wert und den Arten von Anziehung im Diagramm einzuordnen. Dabei sollten Sie sich zur Übung in verschiedene weibliche Personen hineinversetzen, die Sie beurteilen. Dabei kann es sich um Ihre Exfreundin, ein beliebiges Mädel aus der Disco oder Ihre Putzhilfe handeln. Der Fantasie sind keine Grenzen gesetzt.

Hier liegt eine der Stärken des Modells: Je nachdem, mit wessen Augen Sie sich selbst betrachten, wird sich Ihre Position im Diagramm verändern. Das Modell liefert dann neue Erkenntnisse und Handlungsempfehlungen, um Ihr Standing bei der einen bestimmten Frau zu verbessern.

Ihr Wert variiert je nach Beurteilerin. Ihre Anziehung auf Frauen ist ebenso verschieden. Die Discobekanntschaft, die Sie vielleicht vorletztes Wochenende um den Finger gewickelt haben, war hin und weg von Ihrer lockeren Art und Ihrer Selbstsicherheit, die Sie an diesem Abend ausgestrahlt haben. Ihre Anziehung auf sie war hoch. Bei einer möglichen Traumfrau aus der Uni, die Sie zu Studentenzeiten während eines Gesprächs mit einem Blick total verunsichern konnte, lief es leider weniger glücklich. Ihre Anziehung auf sie bewegte sich eher knapp über Nullniveau …

Nach etwas Herumspielen mit dem Modell und verschiedenen Einordnungen Ihrer Person zur Probe sollten Sie sich mit Ihren Überlegungen auf eine gegenwärtige Zielperson konzentrieren. Zur Not tut es auch eine ehemalige Dame des Herzens – Sie können dann in der Rückschau herausfinden, warum es nicht geklappt hat. Ihre Zielperson kann natürlich auch Ihre gegenwärtige Freundin oder Frau sein. Wo würde sie Sie realistisch einordnen? Wo stehen Sie hinsichtlich Wert und Anziehung bei der Frau, die Sie im Moment am meisten interessiert? Versuchen Sie sich an Ihre bisherigen Begegnungen mit ihr zu erinnern und ordnen Sie sich möglichst wahrheitsgetreu auf den beiden Verführungsdimensionen ein, die Sie in diesem Buch kennengelernt haben.

Natürlich ist es hier nur sinnvoll, auf solche Frauen zurückzugreifen, mit denen Sie bereits kommuniziert haben. Weibliche Wesen, von denen Sie bereits in irgendeiner Weise ernsthaft wahrgenommen wurden. Sollte das bei Ihrer amtierenden Zielperson Nummer eins noch nicht der Fall sein, gilt die dringende Empfehlung, sie endlich anzusprechen. Mögliche Gesprächseröffnungen und effektive Kommunikationsstrategien finden Sie im Kapitel „Erzeugung von Anziehung".

Hat Sie Ihre Angebetete bereits wahrgenommen, sollte die Einordnung bezüglich Anziehung und Wert eigentlich kein großes Problem sein, wenn Sie diesen Ratgeber bis hierhin aufmerksam gelesen haben.

Es gilt einfach zu überlegen, welche Dimensionen Ihres Wertes sie bereits wahrnehmen konnte. Sind Sie ihr bisher nur in Jogginghose begegnet oder haben Sie sie in der Oper kennengelernt? Hat sie bisher überhaupt die Chance gehabt, Facetten Ihrer Persönlichkeit zu entdecken? Oder kennt sie bereits viele Freunde von Ihnen und weiß, dass Sie Kampfpilot sind? Haben Sie sich schon über die gemeinsame Liebe zu Irland austauschen können? Hat sie Ihnen Komplimente über Ihren Körpergeruch gemacht, als sie im Bus schmerzhaft gegen Ihre Achsel geknallt ist?

Gehen Sie im Geiste alle Dimensionen von männlichem Wert aus weiblicher Sicht durch, wiederholen Sie unter Umständen das Kapitel „Was ist Wert?" und ordnen Sie sich danach auf der X-Achse ein. Eine vollständige Auflistung von sieben relevanten Fragen zum Thema Wert finden Sie im Infokasten, der dieses Kapitel beschließt.

Bei der Einordnung Ihrer Anziehung auf der Y-Achse sind ähnliche Überlegungen nötig. Haben Sie der Frau Ihrer Träume bei der letzten Begegnung mit lustigen Sprüchen Lachkrämpfe verschafft oder lief sie ständig Gefahr einzunicken? Hatten Sie am nächsten Tag blaue Flecken auf der Schulter, die sie vor lauter gespielter Wut geboxt hat? Oder herrschte stets ein Sicherheitsabstand von mehreren Metern zwischen Ihnen? War die Spannung greifbar, die Luft hat förmlich gebrannt? Oder war alles nur ein laues Lüftchen?

Falls Sie unsicher sind bei Ihrer Einordnung und Sie sich nicht mehr an alle Bestandteile von Anziehung erinnern können, blättern Sie bitte zurück. Oder werfen Sie einen Blick auf den nachfolgenden Infokasten, der eine vollständige Auflistung von sieben Fragen zum Thema Anziehung beinhaltet.

Nach der Beantwortung der insgesamt 14 Fragen können Sie sich im Diagramm einsortieren. Wenn Ihre Einordnung durch die zwei Punkte auf den beiden Achsen des Modells abgeschlossen ist, landen Sie in einem der vier Felder. Dazu müssen Sie nur zwei Parallelen zu den Achsen durch die Punkte auf den Achsen ziehen. Der Schnittpunkt dieser Geraden entspricht Ihrer Positionierung im Wert-Anziehungs-Modell. Die folgende Grafik zeigt diesen einfachen Schritt.

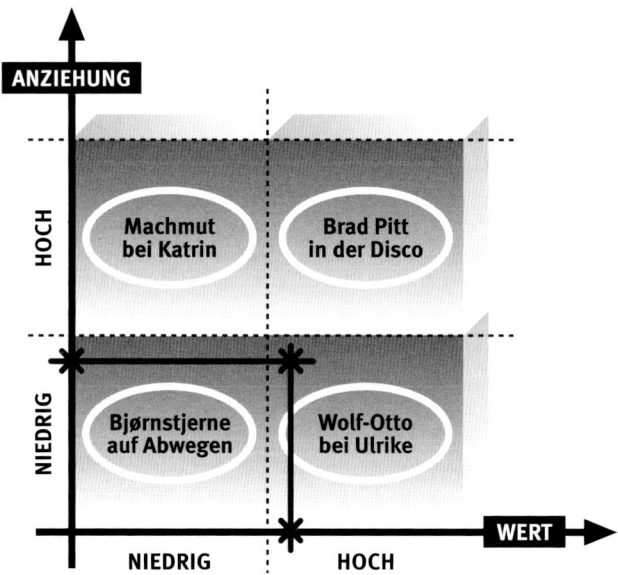

Beispielhafte Einordnung im Modell.

Je weiter rechts oben Sie sich befinden, desto näher sind Sie Ihrer Traumfrau. Je weiter links unten Sie sich im Schaubild eingeordnet haben, desto weiter ist der noch zu gehende Weg.
Bitte beantworten Sie die folgenden 14 Fragen im Infokasten, um sich im Wert-Anziehungs-Modell einzuordnen.

||| **Fragen zum Wert-Anziehungs-Modell**

Das Wert-Anziehungs-Modell besteht aus zwei Achsen. Nach rechts verläuft die Wert-Achse, nach oben die Achse der Anziehung. Auf diesen beiden Achsen können Sie sich – bezogen auf eine bestimmte Frau Ihres Interesses – einordnen.

Um sich im Wert-Anziehungs-Modell richtig einzusortieren, versetzen Sie sich einfach in die Frau, die es Ihnen angetan hat. Versuchen Sie die gemeinsam verbrachte Zeit mit den Augen dieser Frau zu sehen.

Stellen Sie sich danach folgende sieben Fragen zum Thema Wert und beantworteten Sie sie jeweils mit Ja oder Nein.

Wert

1. Waren Sie bei den bisherigen Begegnungen angemessen gekleidet und gepflegt (siehe „Überlebenswert: Stil & Körperpflege")?
2. Konnten Sie bei den bisherigen Treffen attraktive Bereiche Ihrer Persönlichkeit demonstrieren und hatte Ihre Zielperson die Möglichkeit, solche Charakterzüge positiv wahrzunehmen (siehe „Überlebenswert: Persönlichkeit")?
3. Hatte Ihre Zielperson bisher die Chance, Ihren beruflichen, sozialen oder finanziellen Status positiv wahrzunehmen (siehe „Überlebenswert: Status")?
4. Konnten Sie und Ihre Zielperson bereits Gemeinsamkeiten feststellen (siehe „Überlebenswert: Gemeinsamkeiten")?
5. Schätzen Sie selbst Ihre physischen Merkmale positiv ein und können Sie mit vergleichbaren Männern beispielsweise in Sachen körperlicher Attraktivität oder Haarfülle mithalten (siehe „Fortpflanzungswert")?

▶

6. Können Sie mit der weiblichen Zielperson intellektuell mithalten, sind Sie und Ihre Zielperson also geistig auf einer Wellenlänge (siehe „Fortpflanzungswert")?
7. Gab es seitens der Zielperson positive Rückmeldungen verbaler oder nonverbaler Art bezüglich Ihres Körpergeruchs (siehe „Fortpflanzungswert")?

Je mehr dieser sieben Fragen Sie positiv beantwortet haben, desto weiter rechts dürfen Sie sich im Modell einordnen.

Beachten Sie, dass die ersten vier Fragen circa 70 Prozent des Gesamtwertes ausmachen und die letzten drei Fragen mit insgesamt 30 Prozent eine eher untergeordnete Rolle spielen. Wenn Sie die Fragen zum Überlebenswert – also die ersten vier – positiv beantworten können, sollten Sie sich auf jeden Fall in der rechten Hälfte des Diagramms einsortieren. Ihr Wert als potenzieller Geschlechtspartner für die betreffende Frau ist dann hoch, egal wie die Beantwortung der nächsten drei Fragen zum Fortpflanzungswert ausfällt. Wenn Sie die ersten vier Fragen mit Nein beantworten, sollten Sie sich definitiv links einordnen, selbst wenn Sie die folgenden drei Fragen positiv beantworten können.

Falls Sie alle sieben Fragen positiv beantworten können, dürfen Sie sich ganz rechts einsortieren. Keine einzige mit Ja beantwortete Frage heißt hingegen, sich ganz links einzuordnen. Wert scheint in diesem Fall tatsächlich Ihre Baustelle zu sein!

Bei drei bis vier insgesamt positiv beantworteten Fragen kommt es darauf an, ob die mit Ja Fragen mehrheitlich zu den ersten vier beantworteten oder den drei letzten gehören.

Letztendlich sollten Sie ein gewisses Gefühl entwickeln, ob Sie in Sachen Wert bei einer Frau gut oder schlecht dastehen. Eine exakte Einstufung ist dann vollkommen unnötig und Sie wissen intuitiv, in welches Feld Sie gehören.

▶

Die siebte Frage hat eine gewisse Sonderstellung. Sollten Sie der Frau bereits nähergekommen sein und es gab deutlich negative Signale der Frau über Ihren Körpergeruch, kann dies unter Umständen auf ein ernstes Problem hindeuten. Schließlich hat das Kapitel zum „Fortpflanzungswert" gezeigt, dass derartige Probleme in manchen Fällen eine Beziehung sogar von vornherein unmöglich machen können. Exakt feststellen lässt sich dies leider nur bedingt. Achten Sie in jedem Fall genau auf solche Reaktionen und Äußerungen – sie könnten die Erklärung sein für eventuell auftauchende Probleme zwischen Ihnen und der Frau!

Falls Sie mehrere Fragen weder mit Ja noch mit Nein beantworten können, sollten Sie zukünftig umso stärker den Kontakt zu dieser Dame und nach den Antworten suchen. Einige Begegnungen mehr und Sie werden alle Fragen vollständig beantworten können.

Nachdem Sie jetzt über Ihren Wert Bescheid wissen, sollten Sie sich nun fragen, wie viel Anziehung die Frau Ihnen gegenüber verspürt. Beantworten Sie diese Fragen bitte ebenfalls wieder mit Ja oder Nein:

Anziehung
1. Hatte Ihre Zielperson bei den Begegnungen mit Ihnen erkennbar Spaß, lachte Sie beispielsweise viel (siehe Kapitel „Erzeugung von kurzfristiger Anziehung")?
2. Wirkten Sie bei den bisherigen Begegnungen mit Ihrer Zielperson selbstsicher (siehe Kapitel „Erzeugung von kurzfristiger Anziehung")?
3. Hatte die Zielperson bereits die Möglichkeit zu erkennen, dass Sie häufiger in weiblicher Begleitung sind und durchaus gute Chancen beim anderen Geschlecht haben (siehe Kapitel „Erzeugung von mittelfristiger Anziehung")?

▶

4. Waren die mit der Zielperson ausgetauschten Blicke intensiv (siehe Kapitel „Erzeugung von mittelfristiger Anziehung")?
5. Hatten Sie bereits intensive Gespräche mit Ihrer Zielperson (siehe Kapitel „Erzeugung von mittelfristiger Anziehung")?
6. Konnten Sie mit Ihrer Zielperson Berührungen austauschen (siehe Kapitel „Erzeugung von mittelfristiger Anziehung")?
7. Hatten Sie bereits Sex mit Ihrer Zielperson, der für beide Seiten befriedigend war (siehe Kapitel „Erzeugung von langfristiger Anziehung")?

Je mehr dieser sieben Fragen Sie positiv beantworten können, desto weiter oben dürfen Sie sich im Schaubild einordnen. Im Gegensatz zum Fragenblock des Bereichs Wert sollen hier alle Fragen mit gleichem Gewicht in die Beurteilung einfließen. Das heißt, bei fünf oder mehr positiv beantworteten Fragen folgt eine Einstufung im oberen Teil. Bei weniger als vier Fragen mit der Antwort Ja landen Sie im unteren Teil des Diagramms. Bei genau vier positiven Antworten scheint eine mittlere Anziehung vorzuliegen.

Bleiben mehrere Fragen unbeantwortet, sollten Sie versuchen, die Frau häufiger zu treffen.

Die Einstufung in Sachen Wert kombiniert mit der Einstufung beim Thema Anziehung ergibt Ihre Position im Wert-Anziehungs-Modell. Natürlich immer bezogen auf die Frau, die Sie sich vorgestellt haben. Sie werden in einem der vier Quadranten des Modells landen. Je nach Ergebnis können Sie nun leicht erkennen, wo Sie Nachholbedarf haben, und gezielt mithilfe dieses Buches auf die Behebung dieser Probleme hinarbeiten. Wie genau, beschreibt das nachfolgende Kapitel.

Management Ihres Wertes und Ihrer Anziehung

„Ehe du was anfängst, so frage zuvor,
und ehe du was tust, so nimm Rat dazu."

Sirach, Kapitel 37, Vers 20, Apokryphen

Der erste Schritt ist, sich seiner Stärken und Schwächen hinsichtlich Wert und Anziehung bewusst zu werden. Dabei hilft die eigene Einordnung im Wert-Anziehungs-Diagramm.

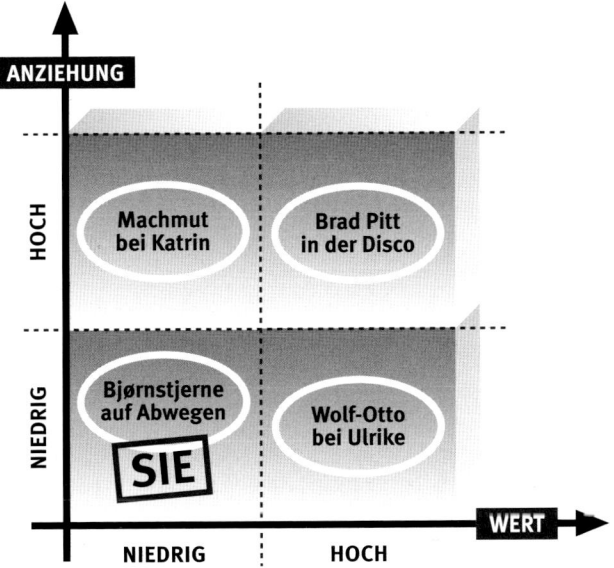

Niedrige Anziehung, niedriger Wert.

Eine realistische Einordnung Ihrer Person links unten – also in der Nähe unseres deplatzierten Hobbysatanisten im Hip-Hop-Club – spricht für ein gewaltiges Verbesserungspotenzial. Sollten Sie tatsächlich schon ernsthaft mit Ihrer Angebeteten kommuniziert haben und es ist weder Wert vermittelt noch Anziehung erzeugt worden, ist es Zeit zu handeln. An beiden Pfeilern der Verführung sollten Sie nun mit Hochdruck arbeiten. Verinnerlichen Sie die Kapitel zur Erzeugung von Wert und Anziehung. Optimieren Sie Ihren Wert – genau genommen Ihren Überle-

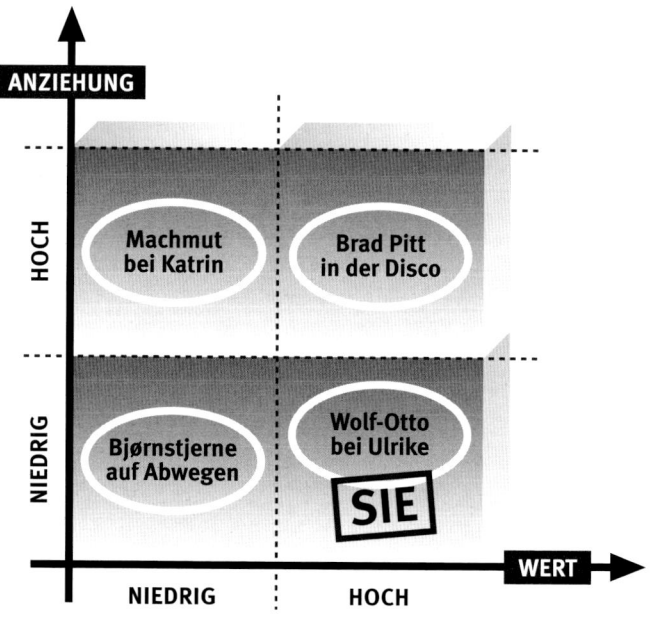

Niedrige Anziehung, hoher Wert.

benswert – und arbeiten Sie an Ihren Fähigkeiten zur Erzeugung von Anziehung. Die Früchte dieser Anstrengungen werden Sie bei der nächsten Begegnung mit der Frau ernten.

Eine Einordnung rechts unten kommt unserem netten Wolf-Otto gleich, Ihr Problem heißt also Anziehung. Gehen Sie sicher, dass Sie die Techniken zur Erzeugung von Anziehung richtig verstanden haben, und üben Sie am „lebenden Objekt". Reden Sie mit fremden Frauen und trainieren Sie gewissenhaft Ihre Technik, so wie es in diesem Buch geschildert wird. Arbeiten Sie an Ihrer Selbstsicherheit. Sollten Sie Ihrer eigentlichen Zielperson dann wieder begegnen, sollte Ihnen die Erzeugung von Anziehung und sexueller Spannung deutlich leichter fallen. Bitte achten Sie dann aber darauf, nicht plötzlich ins andere Extrem zu verfallen. Eine zu große plötzliche Veränderung Ihres Verhaltens sollte der Frau nicht zugemutet werden, weil dies nicht zu ihrem bisherigen Bild von Ihnen passen würde. Auf die Gefahr hin, mich zu wiederholen: Versuchen Sie auch hier, den goldenen Mittelweg zu finden.

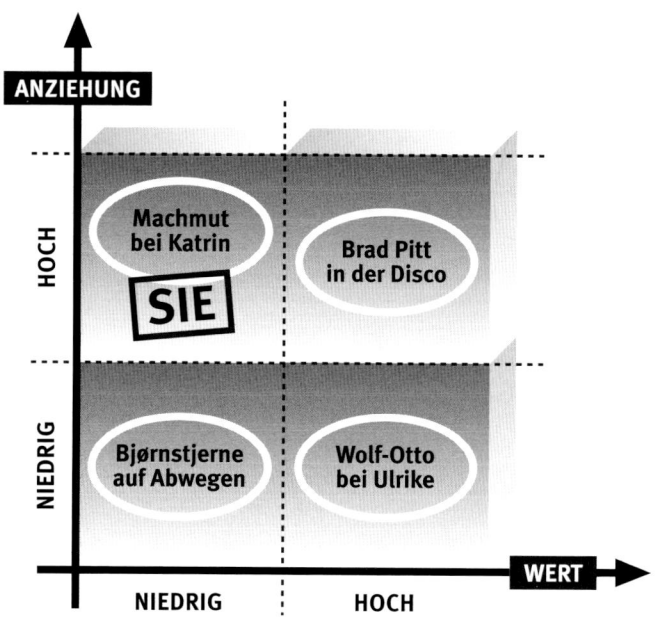

Hohe Anziehung, niedriger Wert.

Bei einer Einordnung links oben in der Nähe von Macho-Machmut fehlt es Ihnen an Wert und Ihrem Erfolg bei Frauen deshalb wahrscheinlich an Nachhaltigkeit. Frauen lernen Sie relativ einfach kennen, aber es wird häufig nicht viel mehr daraus. Werden Sie sich Ihrer Schwächen bewusst und arbeiten Sie an ihnen. Ein Mangel an Wert ist häufig gleichbedeutend mit einem Defizit im eigenen Leben. Wie Sie Wertmangel effektiv bekämpfen, schildert das Kapitel „Erzeugung von Wert".

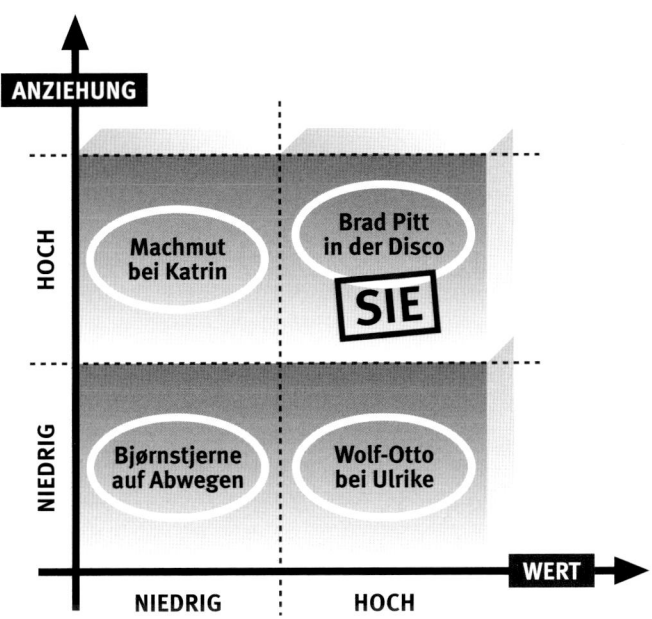

Hohe Anziehung, hoher Wert.

Sind Sie in der glücklichen Lage, rechts oben gelandet zu sein, sollten Sie sich als Erstes fragen, wie realistisch diese Einordnung ist. Sollte sie tatsächlich viel mit der Wirklichkeit zu tun haben, gratuliere ich Ihnen von ganzem Herzen. Mit der holden Weiblichkeit läuft es bei Ihnen sehr zufriedenstellend, vielleicht können Ihnen mein Modell und mein Buch durch den einen oder anderen Hinweis trotzdem dabei helfen, noch erfolgreicher zu werden.

Übrigens sind erfolgreiche Männer meist nicht halb so gut, wie sie glauben. Umgekehrt sind erfolglose Männer nie so schlecht bei Frauen, wie sie denken. Über Erfolg und Misserfolg entscheidet häufig nicht das Können, sondern der Zufall. Wir haben viel weniger Kontrolle über soziale Situationen und damit über unseren Verführungserfolg, als wir denken. Wirklich erfolgreiche Männer wissen darüber allerdings meistens Bescheid!

||| Zusammenfassung

Bei einer Einordnung links unten weisen Sie einen Mangel an Wert und Anziehung auf. Verinnerlichen Sie die entsprechenden Kapitel zur Erzeugung von Wert und Anziehung und arbeiten Sie an Dingen wie Ihrem Stil, Ihrer Persönlichkeit und Ihrem Status sowie an Ihrer Gesprächsführung, Ihrem Auftreten und Ihrer sexuellen Ausstrahlung, wie es dieses Buch empfiehlt.

Falls Sie sich in der unteren Hälfte des Modells einstufen mussten und Anziehung Ihre Baustelle ist, betrachten Sie bitte die Fragen zur Anziehung aus dem vorherigen Kapitel genauer, die Sie negativ beantworten mussten, und verinnerlichen Sie sich die entsprechenden Kapitel besonders.

Sollten Sie in der linken Hälfte des Diagramms gelandet sein, scheinen Sie in den Augen Ihrer Zielperson einen Mangel an Wert aufzuweisen. Auch hier gilt, die Kapitel der mit Nein beantworteten Fragen besonders zu beachten. Relevant sind vor allem die ersten vier Fragen, die sich auf den Überlebenswert beziehen. Die letzten drei Fragen betreffen den Fortpflanzungswert und sind deshalb weniger relevant. Zudem sind die dort abgefragten Merkmale nicht oder kaum veränderbar. Bei einem Mangel an Fort-▶

pflanzungswert können Sie nichts weiter tun, als diesen Nachteil mit viel Überlebenswert auszugleichen.

Sollten Sie in den Augen Ihrer Zielperson rechts oben im Modell gelandet sein, bleibt mir nur, Ihnen zu gratulieren. Sie haben einen Großteil der Fragen zu Wert und Anziehung mit Ja beantwortet und liegen bei Ihrer Zielperson offenbar sehr gut im Rennen. Ich wünsche Ihnen von ganzem Herzen, dass das möglichst lange so bleibt und dass Sie nicht allzu schnell das Interesse an dieser Frau verlieren.

Optimales Verhältnis von Wert und Anziehung

„Nicht denken, wissen."   Morpheus zu Neo, „Matrix", 1999

Ein wirklich optimales Verhältnis von Wert und Anziehung kann ein Mann nur unter drei Voraussetzungen haben, die ausschließlich bei fortgeschrittenen Verführern vorliegen.

Er darf erstens keine bedeutenden Schwächen hinsichtlich Wert und Anziehung haben, in beiden Bereichen sollte er also ungefähr gleich stark sein. Herrscht eine deutliche Tendenz zu einem der beiden Pole der Verführung, wird es schwierig sein, ein stets optimales Verhältnis zu erreichen beziehungsweise beizubehalten, wenn nicht gar unmöglich. Ihr Ziel muss es also sein, Ungleichgewichte Ihrer Verführungskünste auszumerzen und Ihre Schwächen zu bekämpfen (siehe Kapitel „Management Ihres Werts und Ihrer Anziehung").

Zweitens muss ein solcher Mann wissen, in welchen Situationen mehr Wert und wann mehr Anziehung wichtig ist. Es gibt Stationen bei der Verführung, die nach einer Demonstration von Wert verlangen, während in anderen Momenten ausschließlich die Erzeugung von Anziehung gefragt ist.

Es genügt nicht, kaum Schwächen zu haben und zu wissen, wann mehr Wert und wann mehr Anziehung zu bevorzugen ist. Zusätzlich muss der erfolgreiche Verführer in der Lage sein, sein Verhältnis von Wert und Anziehung gemäß seinem theoretischen Wissen oder seinem Bauchgefühl auf die vorliegende Situation flexibel anzupassen. Dazu gehört eine deutliche Kontrolle seiner Fähigkeiten – in manchen Situationen können schnelle Änderungen dieser beiden Stellschrauben der Verführung nötig sein.

Situationsabhängige Balance ist deshalb das Zauberwort bei der Frage nach dem idealen Verhältnis von Wert und Anziehung. Wenden wir uns einigen typischen Situationen der Verführung zu, um diese Balance zu veranschaulichen.

Beim ersten Kennenlernen, beispielsweise in einer Bar, ist Anziehung die oberste Priorität. Angefangen bei der Gesprächseröffnung. Auch während des Gesprächs sollten Sie versuchen, spielerisch Intensität und Spannung aufzubauen und zu erhalten, wie es im Kapitel „Erzeugung von Anziehung" beschrieben wird. Kleben Sie zudem nicht an der Zielperson. Bauen Sie, wenn es sich ergibt, kurze Unterbrechungen ein, beispielsweise um eben gute Freunde zu begrüßen. Sich manchmal etwas rarzumachen kann schon am ersten Abend eine gute Strategie sein. Frauen sind wie Katzen, also immer an die Katze denken – ihr sollte es nicht zu einfach gemacht werden. Nützlich kann auch sein, den Eindruck zu erwecken, auf dem Sprung zu sein. Wenn sie meint, dass man schon am Gehen ist, wird die gemeinsame Zeit für sie wertvoller. Außerdem hat sie dann keine Angst, mit einem Langweiler ein Gespräch zu beginnen, den sie anschließend nie wieder loswird.

Ich rate meist zu indirekten oder situativen Gesprächseröffnungen, weil sie risikoärmer sind. Auch ich greife immer wieder gerne auf diese Varianten zurück, wie der folgende kleine Bericht eines Clubbesuchs zeigt:

Der Club im Frankfurter Bankenviertel ist noch halb leer, als sich unsere Blicke treffen. Ich schlendere die Treppe zur Tanzfläche hinunter, die ein mir unbekanntes Mädchen, das ich ab jetzt Blueeye nenne, mit ihren Freundinnen in Beschlag genommen hat. Ich muss grinsen und sehe ihr über mehrere Meter Entfernung unverschämt in die großen blauen Augen. Sie scheint sich endlose Sekunden lang dagegen zu wehren, ergibt sich dann aber doch mit einem Lächeln und sieht für einen kurzen Moment nach unten. Adrenalin pumpt durch meine Adern.

Mein Kollege winkt mir in diesem Moment hektisch von der Bar aus zu und signalisiert mir, dass meine Gesellschaft dort erwünscht ist. Daraufhin verschiebe ich es halb zähneknirschend, halb erleichtert auf später, sie anzusprechen. Kaum an der Bar angekommen, stehen zwei doppelte Wodka auf dem Tresen, wovon mir einer in die Hand gedrückt wird. Noch bevor wir anstoßen können, taucht Blueeye neben mir auf, um etwas zu bestellen. In der gleichen Sekunde frage ich sie über die Schulter hinweg, ob sie wie ich auch so genervt wäre von zu vollen Clubs. Sie sieht sich in der noch fast menschenleeren Diskothek um und quittiert meine Bemerkung mit einem Lächeln, bevor sie antwortet. Leider geht ihr Beitrag im Lärm der Begrüßung mit einem flüchtigen männlichen Bekannten und der längst fälligen Vernichtung des Wodkas vollkommen unter. Um weitere Unterbrechungen des Gesprächs mit ihr zu vermeiden, räumt mein feinsinniger Kollege zusammen mit dem lautstarken Bekannten umgehend das Feld und lässt mir damit freie Bahn.

♂: „Du musst unsere Manieren entschuldigen, in der Fremdenlegion bleiben die Umgangsformen manchmal auf der Strecke. ☺ Ich bin Kolja."

♀: „So was Ähnliches hab ich mir schon gedacht, ich bin Blueeye."

Sind die ersten Minuten lockeren Geplänkels überstanden, sollte schon an einer etwas vertrauensvolleren Atmosphäre gearbeitet werden. Wert wird nun wichtiger als Anziehung – sprich Gemeinsamkeiten, Persönlichkeit, Status … Flotte Sprüche sollten nun zugunsten von etwas mehr Empathie – also Einfühlungsvermögen – und einer Spur Ernsthaftigkeit zurückgefahren werden. Jetzt können Sie tiefere Gesprächsthemen anschneiden. Im Gespräch mit Frauen ist es stets sinnvoll, über angenehme Themen und positive Gefühle zu sprechen, unangenehme Dinge sollten Sie vermeiden. Achten Sie auch auf die Wortwahl, negativ besetzte Vokabeln verwenden Sie bitte möglichst nicht. Die meisten Frauen können schlicht nicht anders, als Worte und Gesprächsthemen direkt und ungefiltert zu fühlen. Unterhaltungen über angenehme Themen erzeugen Wohlfühlatmosphäre und letztendlich sogar Vertrauen.

||| ♂: „Mir gehen im Gespräch mit Frauen häufig
die Themen aus. Was kann ich tun?" (I., 36)

Mit diesem Problem haben viele Männer zu kämpfen. Abgesehen
davon, dass Gesprächspausen völlig in Ordnung sind und meist
einfach ausgesessen werden sollten (siehe Kapitel „Erhaltung
von sexueller Spannung"), ist die Lösung dieses Problems eigentlich ganz einfach: Assoziativ immer wieder neue Gesprächsthemen finden und stets in Assoziationen denken. Assoziationsket-
ten aus Stichworten bilden. Dafür ist nur ein wenig Kreativität
nötig. Damit die entstehen kann, ist es wichtig, während der Unterhaltung entspannt zu bleiben. Einfach relaxen und die Ideen
kommen wie von selbst!

Konkret heißt das, spontan Dinge aus ihrer Rede aufzugreifen
und mit „Apropos ..." oder „Da fällt mir ein ..." überzuleiten. Der
Zusammenhang darf dabei ruhig ein anderer sein. Wichtig ist nur,
dass immer zu angenehmen Themen gewechselt wird. Positiv besetzte Small-Talk-Klassiker sind übrigens Urlaub, Filme, Musik,
Mode, Sport und Feiern.

Generell gilt, Frauen möglichst viel reden zu lassen. Nicht nur,
weil Frauen das gerne tun, sondern weil es vorteilhaft ist, in einer
Unterhaltung weniger beizutragen als der Gesprächspartner. Die
Person, die mehr redet, versucht sich mehr zu qualifizieren. Der,
der weniger zum Gespräch beiträgt, wird meist als der Umwor-
bene wahrgenommen – sowohl von Außenstehenden als auch
von beiden Beteiligten. Also einfach immer gut zuhören und das
Gespräch geschickt in vorteilhafte Bahnen lenken ...

Ohne ein Mindestmaß an Vertrauen tauscht kaum eine Frau Telefonnummern oder gar Zärtlichkeiten aus. Dementsprechend muss vor der Frage nach der Telefonnummer ausreichend Wert demonstriert werden, um später nicht wie Machmut bei der Annahmestelle einer Wäscherei zu landen. Empfehlenswert ist häufig, auf einem Höhepunkt der Unterhaltung die Handynummer einzutüten, um „dieses interessante Gespräch bei nächster Gelegenheit weiterführen zu können". Sich danach zeitnah zu verabschieden kann durchaus vorteilhaft sein.

Wie erwartet, kommt nach wenigen Minuten eine geballte Ladung Freundinnen von Blueeye bei uns vorbei, um zu überprüfen, ob sie vor mir gerettet werden muss. Ich stelle mich lächelnd vor und bald sind wir wieder zu zweit. Der sich füllende Club veranlasst den DJ dazu, die Lautstärkeregler nach oben zu reißen. Ich lotse BLUEEYE in den Außenbereich, um mich ruhiger und intensiver unterhalten zu können. In der frischen Luft werden dann eine oder zwei Geschichten meines Surfurlaubs ausgepackt, aus dem ich gerade zurückgekehrt bin. Natürlich nicht, ohne sie wirkungsreich an ihre aktuellen Urlaubserlebnisse zu erinnern, an Sand unter ihren Füßen und Wind in ihren Haaren.

Einige Zeit später melden sich erneut ihre Freundinnen, die augenscheinlich weniger Spaß haben als wir. Sie wollen in einen anderen Club. Das Angebot, mitzukommen, lehne ich dankend ab und tausche stattdessen mit Blueeye Handynummern, damit sie mir später Bescheid sagen kann, ob sich der Locationwechsel noch lohnt. Schon eine Stunde nach der Verabschiedung, als meine Kollegen und ich noch feucht-fröhlichen Spaß haben, bekomme ich die erste SMS von ihr. Die Schlange vor dem anderen Club sei — wie ich geahnt hatte — viel zu lang gewesen und sie nun schon im Bett …

Beim ein oder zwei Tage später stattfindenden Telefongespräch zur Verabredung eines Treffens ist wieder erst Anziehung mittels der oben erwähnten Flirtinstrumente wichtig: Sie zum Lachen bringen und Spannung erzeugen sowie an den gemeinsamen Abend erinnern. Außerdem am Telefon sehr wichtig: Auf die Stimme achten! Nicht zu laut, nicht zu leise und am besten tief aus dem Bauch. Gespräche sollten generell eher kurz und intensiv gehalten werden, um die Spannung hochzuhalten.

Demonstrieren Sie Wert und Vertrauen, mindestens unterschwellig, damit Ihr Date nicht aufgrund irgendwelcher Zweifel noch kurzfristig absagt. Wert verhindert Absagen, weil Frauen für Wert ausgesprochen empfänglich sind und die positive Wirkung von Wert nicht schnell verfliegt. Die biologischen und gesellschaftlichen Gründe dafür habe ich im ersten Kapitel ausführlich dargestellt.

Zurück zur eigentlichen Verabredung des Treffens: Die Frau sollte grundsätzlich weniger um ein Date gebeten als vielmehr eingeladen werden, an den spannenden, im Optimalfall bereits feststehenden Aktivitäten des Mannes teilzuhaben. Ihr wird so die Möglichkeit gegeben, einen Teil seiner knapp bemessenen Zeit mit ihm zu verbringen. Diese Freizeitbeschäftigung können ein DJ-Set eines Freundes sein, ein Schwimmwettkampf, ein Weihnachtsmarktbesuch oder ein Studentenprotest. Was genau, hängt von Ihnen und der Frau ab. Hauptsache nichts allzu Alltägliches und etwas, bei dem beide sich wohlfühlen. Es sollte außerdem der Eindruck erweckt werden, dass es relativ unerheblich ist, ob sie dazustößt oder nicht. Sie werden in jedem Fall dort aufkreuzen und massig Spaß haben, mit ihr oder ohne sie!

Falls die Dame schwer zu erreichen sein sollte: Telefonieren Sie niemandem hinterher. Ein oder maximal zwei Anrufe, ohne die eigene Nummer zu unterdrücken, sind in Ordnung, mehr wäre Bedürftigkeit signalisierendes Verhalten – also keine Option. Schließlich sind wir häufig in Gesellschaft attraktiver Frauen und somit alles andere als bedürftig. Und falls doch, haben wir Sinnvolleres vor, als verzweifelt am Telefon zu hängen …

Lieber früher als später sollten Dates in die eigenen vier Wände verlegt werden. Nach einigen Verabredungen in interessanten Locations ist es Zeit für etwas mehr Intimität. Zu diesem Zweck gibt es DVD-Abende zu zweit. Legen Sie bei deren Ausrichtung besonders viel Wert auf die Auswahl der Medien – die meisten Frauen weisen eine direkte Koppelung zwischen medialem Input und emotionalem Erleben auf. Deshalb kommt der musikalischen Untermalung eines solchen Abends entscheidende Bedeutung zu: Ihr Musikgeschmack ist stets bei der Auswahl zu berücksichtigen. Es gilt, Musik aufzulegen, die beiden Geschmäckern entgegenkommt und dem Abend die passende Atmosphäre gibt. Noch wichtiger ist der richtige Film. Bestimmten Movies können sich Frauen einfach nicht entziehen, die Stimmung des Films überträgt sich mehr oder weniger direkt auf die Stimmung der Zuschauerin. Kriegsfilme eignen sich deshalb weniger gut für DVD-Abende in weiblicher Gesellschaft, während einige sinnliche bis erotische Meisterwerke ihre Wirkung nie verfehlen. Eine kleine Auswahl meiner Lieblingsfilme – übrigens nicht nur für Abende zu zweit geeignet – zeigt der folgende Infokasten:

||| Empfehlenswerte Filme für DVD-Abende

Toy Boy

„Toy Boy" bietet mehrere Vorteile, wenn man ihn in weiblicher Gesellschaft konsumiert. Da ist zum einen Hauptdarsteller Ashton Kutcher, der sich bei den meisten Damen großer Beliebtheit erfreut. Zweitens beinhaltet dieser Film sehr gut gemachte, realistische Sexszenen, die meiner Erfahrung nach wie für Frauen geschaffen sind. Zudem ist der Film auch und gerade für Männer ausgesprochen unterhaltsam: Der tragische Held und Verführer Nikki auf Frauenjagd ist ebenso sehenswert wie lehrreich. Insgesamt ist „Toy Boy" leicht und locker zu konsumieren und uneingeschränkt zu empfehlen.

Alfie

Auch Alfie, gespielt von Jude Law, ist ein Verführer, wie er im Buche steht. Ähnlich wie „Toy Boy" bietet dieser Film attraktive Darsteller und viel Sex, ist allerdings etwas anspruchsvoller. Er besteht aus geistreicher und bisweilen philosophischer Unterhaltung rund um die Themen Monogamie, Beziehungen und Anziehungskraft zwischen Frau und Mann.

Vicky Christina Barcelona

Ähnlich anspruchsvoll und nicht minder sexy präsentiert sich „Vicky Christina Barcelona". Dieser Film behandelt ähnliche Themen wie „Alfie", aber deutlich stärker aus der weiblichen Perspektive. Nicht nur die attraktiven Darstellerinnen – Scarlett Johansson auf dem Zenit ihrer körperlichen Schönheit im Zusammenspiel mit Penélope Cruz – machen diesen Film auch für Männer sehenswert. Zudem verfehlt er nie seine anregende Wirkung auf weibliche Zuschauer ...

Swept Away

„Swept Away" mit Madonna ist einer meiner absoluten Lieblingsfilme, auch wenn die Kritiken dieses Machwerks unterirdisch
schlecht ausfielen und er weitgehend zu Recht als Trash bezeich-
net wird. Ungeachtet dessen bietet er eine hohe Intensität, traum-
hafte Kulissen und eine spektakuläre Abhandlung über das Zusammenspiel von Macht, Dominanz und Sex. Vielleicht nicht
uneingeschränkt zu empfehlen und geschmacklich durchaus
grenzwertig – meiner Meinung nach trotzdem großartig. Besonders interessant: Der Film zeigt, wie unterschiedlich der Wert
eines Mannes von einer Frau wahrgenommen werden kann: Er
variiert je nach Lebenssituation und persönlichen Umständen.
Auf einer einsamen Insel kann ein Mann für eine Frau plötzlich
völlig neue Bedeutung erlangen ...

Hautnah

„Hautnah" mit Julia Roberts ist einer der sichersten Garanten dieser Liste für schöne Zeiten zu zweit. Mit diesem Film kann man
über alle Geschmacksgrenzen hinweg kaum etwas falsch machen. Auf intelligente und intensive Weise behandelt er Themen
wie Liebe, menschliche Beziehungen und Untreue und ist wärmstens für DVD-Abende der besonderen Art zu empfehlen.

Eyes Wide Shut

Mit „Eyes Wide Shut" empfehle ich an dieser Stelle meinen absoluten Lieblingsfilm, den ich bereits im Kapitel „Erzeugung von
kurzfristiger Anziehung" zitiert habe. Es ist der letzte Film von
Stanley Kubrick und ein Meisterwerk über Verlangen, Sex und
Untreue. Beleuchtet wird eine Episode im Leben eines New Yorker
Ehepaars, gespielt von den damaligen Ehepartnern Nicole Kidman und Tom Cruise. Was dieser Film an düsterer Erotik und

▶

interessanten Einsichten bietet, genügt bei anderen Regisseuren für drei Machwerke. Soundtrack, Handlung, Bilder und Dialoge bieten Unterhaltung auf höchstem Niveau.

Zu guter Letzt: Erwachsenenunterhaltung

Bei entsprechend fortgeschrittener Beziehung zwischen Frau und Mann können Pornos durchaus den einen oder anderen Abend versüßen. Generell sollte Erwachsenenunterhaltung allerdings eher maßvoll als maßlos konsumiert werden und lieber zu zweit als alleine. Es gibt mehrere Studien, die einen Zusammenhang zwischen Pornokonsum und Depressionen bei Männern belegen. Außerdem sollten bei gemeinsamen Abenden – vor allem bei den ersten Versuchen – erotische Filme speziell für Frauen irgendwelchen stumpfen Bumsorgien vorgezogen werden. Machwerke von Andrew Blake sind für den Anfang ebenso zu empfehlen wie Streifen der Kategorie „Pink Prison".

Beim ersten Date ist vor allem Anziehung wichtig, um die Abschiebung in das berüchtigte Gute-Freunde-Land, in das zum Beispiel Wolf-Otto von seiner Ulrike geschickt wurde, zu verhindern. Die Spannung soll erhöht werden, es darf gerne knistern. Wert als Untermauerung der eigenen Persönlichkeit darf aber niemals vernachlässigt werden.

Eine häufig gestellte Frage ist die, wann man eine Frau küssen sollte. Die Antwort: am besten zehn Minuten, bevor man sich traut. Mit genug Berührungen, die vorher stattgefunden haben, wird sich der erste Kuss wie eine fließende Sache ergeben. Kein plötzlicher Vorstoß, sondern eine fast schon überfällige Handlung, von der sie dennoch angenehm überrumpelt wird.

Bei den nächsten Verabredungen sollten Spannung und Anziehung erhalten werden bis zum Abbau der Spannung durch die Vollendung des sexuellen Aktes. Besonders zu Beginn einer entstehenden sexuellen Beziehung brauchen vor allem jüngere Frauen neben genug Vertrauen häufig auch Entschuldigungen und Rechtfertigungen für ihr eigenes Verhalten. Diese sollte man ihnen deshalb im Vorfeld gewisser gemeinsamer Aktivitäten stets mitliefern. Und sei es nur die altbewährte nächtliche Tasse Kaffee als Grund, um nach einem Date noch mit nach oben zu kommen.

Ein solcher Dialog könnte sich folgendermaßen anhören:

♂: „Kommst Du mit auf einen Kaffee zu mir?"

♀: „Ich trinke keinen Kaffee."

♂: „Ich hab' auch gar keinen. ☺"

Im Ernst: Warum brauchen Frauen in solchen und anderen Situationen eigentlich häufig Entschuldigungen und Rechtfertigungen für ihr Verhalten?

Weil sie Angst haben, von sich selbst, ihren Freundinnen oder einem Mann, den sie noch nicht gut kennen, verurteilt zu werden. Verurteilt dafür, zu einfach zu haben zu sein. In solchen Situationen greift ein durch Erziehung und Gesellschaft geprägter Mechanismus, der sie davor bewahren soll, sich zu schnell hinzugeben. Selbst wenn größte Lust vorhanden ist, greift diese innere moralische Notbremse und unterbricht sie bei dem, was sie tun.

Doch nicht nur Erziehung und Gesellschaft sorgen dafür, dass Frauen sich nicht immer so frei verhalten (können) wie die meisten Männer das tun. Wie im Kapitel „Fortpflanzungswert" dargelegt, tragen Frauen das durch Geschlechtsverkehr ausgelöste Risiko der Schwangerschaft. Zudem sind Frauen anfälliger gegenüber Krankheiten, die durch Sex verbreitet werden. Und natürlich können Frauen auch leichter Opfer von sexuellen Gewaltverbrechen werden. Es gibt also jede Menge Gründe, warum Frauen generell bei der Sexualpartnerwahl sorgfältiger und bedachter als Männer sind.

Bei diesem Thema fällt mir immer ein Experiment auf der Straße ein. Es wurde schon mehrfach im Fernsehen gezeigt und illustriert den unterschiedlichen Umgang von Frauen und Männern mit dem Thema „schneller Sex". Das Fernsehteam schickt dabei zwei Lockvögel getrennt voneinander in gut besuchte Fußgängerzonen. Einen Mann und eine Frau, beide attraktiv. Sie sprechen 100 Vertreter des jeweils anderen Geschlechts an und unterbreiten auf die Schnelle ein mehr als eindeutiges Angebot auf ein kleines Abenteuer. Sie versuchen damit, arglose Passanten in ein angeblich nahe gelegenes Hotelzimmer zu locken. Während der weibliche Lockvogel größten Erfolg hat und fast nur Treffer landet, geht der Mann praktisch vollkommen leer aus: Kaum eine Frau lässt sich auf diese schnelle Nummer ein.

Zurück zum Thema: Wenn die Spannung während der Verabredungen steigt, landet man früher oder später im Bett. Wie diese Spannung hochzutreiben ist, steht in Kapitel „Erzeugung von Anziehung". Die Qualität des ersten Mals ist wichtig für den weiteren Verlauf der Geschichte, die sich zwischen einer Frau und einem Mann abspielt. Stößt der Sex bei ihr auf Gefallen, erhöht sich die Chance weiterer körperlicher Eskapaden. So wird die wertvolle langfristige Anziehung erzeugt.

Direkt nach dem ersten Sex ist es unerlässlich, Wert und Vertrauen zu demonstrieren, indem Sie ihr vor allem durch Verhalten glaubwürdig vermitteln, dass der Geschlechtsverkehr nicht die einzige Absicht war. Tun Sie ihr kleine Gefallen, bringen Sie ihr ein Glas Wasser oder Ähnliches. Vertrauensvoll zu agieren und entstehende Bindungshormone voll auszukosten ist angesagt. Damit wachsen die Chancen für weitere Verabredungen. Erhöhen Sie bei diesen Treffen wieder Spannung und Anziehung bis zur nächsten körperlichen Vereinigung, setzen Sie danach wie immer auf eine deutliche Wertdemonstration. Und so weiter und so fort. Auf diese Weise hat man über kurz oder lang eine wie auch immer geartete Beziehung mit seiner Zielperson. Situationsabhängiges Management von Wert und Anziehung macht einen stabilen und dauerhaften Kreislauf der Verführung möglich.

In der folgenden Grafik sehen Sie zwei Kurven und unterschiedliche Stationen des Kennenlernens von Mann und Frau. Dargestellt ist, wann mehr Wert und wann mehr Anziehung wichtig ist. Die Wertkurve hat ihre Tiefpunkte, wenn die Anziehungskurve nach oben ausschlägt – und umgekehrt.

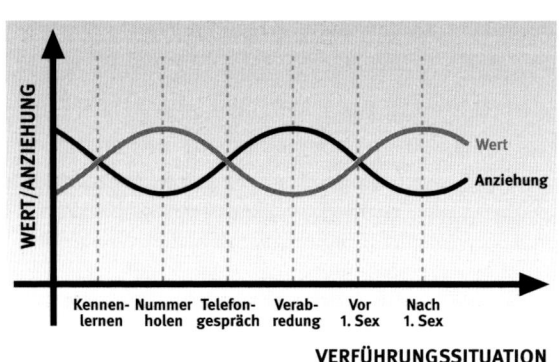

Wert und Anziehung im Verlauf.

||| Zusammenfassung

Ein erfolgreicher Verführer hat kaum Schwächen, was Wert und Anziehung angeht. Er weiß, in welchen Situationen Wert wichtiger ist und wann die Erzeugung von Anziehung Priorität haben sollte. Außerdem kann er bei Bedarf im Sinne der situationsabhängigen Balance sein Verhältnis von Wert und Anziehung flexibel anpassen.

Beim ersten Kennenlernen ist Anziehung wichtig. Flirten, für Spannung sorgen und die Frau zum Lachen bringen. Sind die ersten Minuten vergangen, wird es Zeit, erstmals Wert zu demonstrieren und intensivere Gespräche zu führen. Tiefere Gespräche sorgen für Vertrauen, das sie braucht, um Ihnen ihre Telefonnummer anzuvertrauen.

Beim folgenden Telefongespräch, das für die Verabredung eines Treffens nötig ist, sollten Sie wieder mit der Priorität auf Anziehung einsteigen, ohne Ihren Wert zu vernachlässigen.

Für das erste Date gilt, dass die sexuelle Spannung durch den Einsatz von Werkzeugen der Anziehung erhöht werden sollte. Es soll knistern, ohne dass dabei gelegentliche Demonstrationen von Wert vergessen werden.

Bei den nächsten Dates sollte die Spannung auf die Spitze getrieben werden, bis sie durch Sex abgebaut wird. Nach dem hoffentlich für beide Seiten erlebnisreichen ersten sexuellen Abenteuer sollten Sie sofort Wert in Hülle und Fülle demonstrieren. Vermitteln Sie ihr durch Ihr Verhalten glaubwürdig, dass der Geschlechtsverkehr nicht Ihre einzige Absicht war. Ich empfehle, ihr etwas Wasser zu bringen und den wunderbaren gemeinsamen Hormonrausch voll auszukosten.

Bei allen weiteren Treffen sollten Sie immer wieder Spannung und Anziehung bis zur nächsten körperlichen Vereinigung erhöhen und danach wie gewohnt auf starke Wertdemonstration setzen. So entsteht eine immer festere Bindung.

Jenseits der Matrix

Ihnen wurden männlicher Wert und die Wirkungsweise von Anziehung auf Frauen nahegebracht. Sie haben eine Einweisung erhalten in die effektivsten Flirtinstrumente, die es gibt. Sie haben gelernt, wie die Erzeugung und Erhaltung von sexueller Spannung funktioniert. Sie haben sich selbst im Wert-Anziehungs-Modell eingeordnet und aus dieser Einordnung Schlüsse gezogen, wo Ihr Verbesserungsprozess ansetzen muss. Und schließlich haben Sie erfahren, in welchen Verführungssituationen die Betonung auf männlichem Wert liegen sollte und wann für Anziehung gesorgt werden muss, um ein erfolgreicher Verführer zu werden.

Damit haben Sie wesentliche Geheimnisse der Matrix der Verführung kennengelernt. Genug, um aus Ihren Abenden Nächte zu machen. Doch Geheimnisse zu kennen, ohne sie anzuwenden, ist nutzlos. Nutzen Sie sie!

Mehr zur Matrix der Verführung, Wert und Anziehung finden Sie im Internet unter *http://wertundanziehung.wordpress.com*. Die folgenden acht Kapitel schauen über den Tellerrand des Modells – sie beschäftigen sich mit weiterführenden Themen, die für den Erfolg bei Frauen wichtig sind.

Wert und Anziehung online

Online Frauen kennenzulernen scheint in der heutigen Zeit nicht nur immer wichtiger zu werden, sondern auch immer schwieriger. Viele Dating-Plattformen und Internetchats weisen gewaltigen Männerüberschuss auf. Dies führt dazu, dass ein weibliches Profil selbst ohne Profilbild mit Anfragen überschwemmt wird. Einige Männer sind offensichtlich bereit, sich mit allem zu treffen, was sich im Netz als weiblich ausgibt. Dieser Wettbewerbsdruck führt zur dringenden Notwendigkeit, sich von den Mitbewerbern abzuheben. Wie genau, erklären Ihnen die folgenden Passagen.

Beim Dating im Internet sollte den Konzepten Wert und Anziehung ebenso große Bedeutung wie im sonstigen Leben beigemessen werden. Wenn in der virtuellen Kommunikation mit Frauen erfolgreich Wert demonstriert und Anziehung erzeugt wird, kann das Online-Dating eine sinnvolle Ergänzung des eigenen Liebeslebens darstellen.

Um im Netz männlichen Wert zu demonstrieren, müssen Sie ehrlich sein. So reizvoll Flunkereien bei den Profilangaben zu sein scheinen, so problematisch sind sie leider auch. Aus jedem digitalen Kontakt soll schließlich besser früher als später ein realer werden. Spätestens dann fliegen die meisten Schummeleien auf. Damit Ihre Dates aus dem Internet nicht schon nach wenigen Sekunden beendet sind, sollten Ihre Profilangaben mit

Ihnen und Ihrem Leben, Ihrer Persönlichkeit und Ihrem Aussehen weitgehend deckungsgleich sein. Das soll keineswegs heißen, dass Sie sich nicht in bestem Licht präsentieren dürfen.
Im Gegenteil: Nur der goldene Mittelweg zwischen Prahlen
oder Lügen und bescheidener bis selbstironischer Darstellung
der eigenen Persönlichkeit führt zu langfristigem Erfolg beim
Online-Dating.

Gleiches gilt für das eigene Profilbild. Ein smartes und anspre-
chendes Profil wird von einem gut gewählten Bild gekrönt. Dessen Auswahl ist ausgesprochen wichtig und kann schnell über
Erfolg und Misserfolg entscheiden. Zu viel „dicke Hose" führt
bei der Betrachterin schnell zu einer Fremdschämorgie, ein zu
braves Bild lässt Sie dagegen in der Masse untergehen. Wie so
häufig, ist hier der goldene Mittelweg der richtige.

Kommunikation im Internet läuft hauptsächlich über Text.
Legen Sie deshalb größten Wert auf Rechtschreibung, sie ist die
Visitenkarte, die sie abgeben. Korrekte Orthografie verstärkt
den Eindruck eines hochwertigen Kontakts mit einem gebilde-
ten Menschen. Frauen suchen nach Männern von hohem Status,
die ihnen intellektuell mindestens ebenbürtig sind. Um diese
Bestandteile von Überlebenswert aufzuweisen, sollten Sie feh-
lerlos und gleichzeitig schnell mit dem Keyboard umgehen können – vor allem in Chats. Emoticons wie ;-) und ^^ sollten ab
einem gewissen Alter übrigens äußerst sparsam eingesetzt werden, um nicht allzu infantil zu wirken.

Online-Dating erfolgreich zu betreiben heißt außerdem, Vertrauen aufzubauen. Ohne Vertrauen wird die Frau am anderen
Ende der DSL-Leitung kaum ihre Nummer herausgeben und sich

verabreden. Die Fähigkeit zur Empathie zumindest kurz während des digitalen Kontakts aufblitzen zu lassen, ist deshalb ausgesprochen wichtig. Persönliche Themen, vertrauensbildende Maßnahmen und demonstrative Ernsthaftigkeit sollten immer wieder eingestreut werden. Offline und online gilt: Ohne ein Mindestmaß an Vertrauen werden äußerst selten Zärtlichkeiten ausgetauscht.

Um neben Wert auch Anziehung in Bits und Bytes zu erzeugen, gelten die gleichen Regeln wie im Leben abseits des Rechners. Eine überheblich-witzige Art gepaart mit Schlagfertigkeit sorgt bei ihr für Anziehung und Spaß. Einen selbstbewussten Eindruck zu machen ist Gold wert.

Schon die Gesprächseröffnung sollte sich durch Originalität und Frische von der Masse der Konkurrenten abheben. Wie im realen Leben werden Sie meist den Anfang machen müssen, weil Frauen sich lieber ansprechen lassen, als selbst den ersten Schritt zu gehen. Komplimente auf Äußerlichkeiten sollten nicht als Gesprächseröffnung verwendet werden. Von Bemerkungen zu ihrem Foto ist zu Beginn der Kontaktanbahnung generell abzuraten, es sei denn, es sind lustige Kommentare. Ja, man darf Frauen auf die Schippe und nicht allzu ernst nehmen, aber bitte stets maßvoll!

Wie im Kapitel „Erzeugung kurzfristiger Anziehung" beschrieben, ist 101 eine hervorragende Strategie zur Erzeugung von Anziehung. Dies gilt auch für das Online-Dating. Eine Herausforderung zu sein und es der Jägerin in der Frau nicht zu einfach zu machen, führt sehr häufig zum Erfolg. Der Großteil aller Männer auf der Suche nach heißen Kontakten im Internet macht den Fehler, für die weiblichen User allzu leicht zu haben zu sein. Statt sich ebenfalls anzubiedern, drehen Sie den Spieß der üblichen Geschlechterrollen einfach um und machen Sie sich besser rar. Sie sind viel beschäftigt, haben ein tolles Leben und treiben sich deshalb nicht allzu häufig in Partnerbörsen herum. Lassen Sie Nachrichten im Postfach auch mal ein oder zwei Tage unbeantwortet und seien Sie dadurch weniger langweilig und berechenbar als Ihre Konkurrenten. Gleichzeitig haben Sie Ihre Ziele – nämlich Telefonnummer und Date – stets fest im Blick. Aus der Begegnung in Bits und Bytes soll schließlich eine Begegnung aus Fleisch und Blut werden. Vermeiden Sie endlose virtuelle Kontakte ohne Ergebnis. Der elektronische Kontakt sollte eher kurz und hochintensiv sein und zügig zum Austausch der Handynummern führen. Per Mobilfunk oder Festnetz können sich dann real verabreden. Auf den Einsatz von SMS sollten Sie dabei wenn möglich verzichten – viele Frauen spielen damit ein Spiel namens „Ködern und Warten": den Mann anlocken und durch sparsame Textkommunikation in der eigenen Umlaufbahn halten, ohne ernsthaftes Interesse an ihm zu haben. Dagegen hilft nur eins: Genug Alternativen haben und ein solches Exemplar Frau links liegen lassen, bis sie sich von selbst meldet. Dates sollten nie verabredet werden, ohne vorher Telefonnummern ausgetauscht zu haben. Am besten ist es, wenn bereits telefonische Kontakte stattgefunden haben, bevor man sich trifft. Dadurch erhöht sich die Chance, dass beide Beteiligten am Treffpunkt auftauchen.

Sie sollten Online-Dating nur betreiben, wenn Sie Freude daran haben. Sind Sie zudem häufig am Computer und schreiben gerne fremden Menschen, bietet sich die virtuelle Variante der Kontaktanbahnung tatsächlich an. Achten Sie dabei auf ausreichende Demonstration von Wert und Erzeugung von Anziehung und Ihr Dating-Erfolg wird spürbar wachsen.

Echte Männlichkeit

„Echte Männlichkeit" kommt niemals aus der Mode. Frauen werden sich immer unwillkürlich von echten Männern angezogen fühlen. Lesen Sie, was einen Mann ausmacht:

Ein echter Mann ist gelassen, lässig, nonchalant, souverän und kontrolliert. Seine Selbstsicherheit ist möglichst unerschütterlich. Auf Handlungen anderer Personen oder Ereignisse reagiert er möglichst selten mit sichtbaren negativen Emotionen. Er steht zu sich und seinen Gefühlen, aber er wird nicht von ihnen kontrolliert. Dadurch ist Handlungsstärke in Situationen gewährleistet, in denen andere aussteigen und den Kopf verlieren. In einer chaotischen, hektischen Welt zieht ein solcher Mann nicht nur alle weiblichen Blicke auf sich. Verbissenheit und Angst müssen dazu allerdings konsequent überwunden werden.

Ein echter Mann steht zu seinen Fehlern und tritt der Welt mit einem Lächeln entgegen. Er fällt. Und steht wieder auf. Ein echter Mann hat Ziele und verfolgt sie. Hat er sich ein Ziel gesetzt, bleibt er auf dem eingeschlagenen Weg, solange er von ihm überzeugt ist. Er trifft Entscheidungen und weicht nicht aus, wenn ihm Gegenwind entgegenbläst. Aber er hinterfragt sein Handeln regelmäßig und hat ein offenes Ohr für Kritik und Beratung durch Menschen, die ihm nahestehen.

Ein echter Mann hat funktionierende soziale Beziehungen und Freunde, er kann sich selbst und anderen vertrauen. Er nimmt den Wandel des Lebens an und kann loslassen, Schmerz wird angenommen. Er lebt im Jetzt.

Intelligent feiern

Neue Bekanntschaften macht man meiner Erfahrung nach am einfachsten im Job und im Nachtleben.

Da Affären und Beziehungen an der Arbeitsstelle früher oder später meist problematisch werden, rate ich generell von solchen Eskapaden ab. Tauchen Sie besser nie Ihren Füller in Firmentinte. Es gibt Millionen attraktiver Frauen da draußen, sodass Sie auf die weibliche Belegschaft Ihres Unternehmens lieber verzichten sollten.

Empfehlenswert ist vielmehr, in Bars, Clubs und Kneipen auf Brautschau zu gehen. Alkohol, Musik und spärliche Beleuchtung sind ideale Bedingungen, um Frauen kennenzulernen. Damit solche Abende erfolgreich verlaufen, ist nicht zuletzt ein sachgemäßer Umgang mit Alkohol erforderlich. Besoffen durch die Disco zu torkeln bringt einen nur in Ausnahmefällen in fremde Betten. Gehemmt neben der Tanzfläche Menschen beim Partymachen zu beobachten kommt nicht viel besser an. Um Alkohol sinnvoll einzusetzen, ist also der goldene Mittelweg zu empfehlen.

Ich gebe zu, dass ich in meinem Leben selten wirklich nüchtern war, wenn ich nachts fremde Frauen näher kennengelernt habe. Ohne Alkohol wären viele verrückte Nächte, die ich erlebt habe, weit weniger spektakulär verlaufen. Mir geht es dabei wie vielen anderen Menschen: Alkohol kann durchaus nützlich sein, um Hemmungen abzubauen und ausgelassen feiern zu können. Dagegen ist prinzipiell auch nichts einzuwenden, solange der Konsum nicht ausartet und man nicht die Kontrolle über das eigene Trinkverhalten verliert. Beachten Sie stets Ihre Grenzen, auch weil zu viel Gas bei vielen Männern vorübergehende Potenzprobleme zur Folge hat. Versuchen Sie herauszufinden, mit welcher Menge Sie ganz besonders partytauglich sind – und ab wann es nur noch peinlich wird. Der richtige Umgang mit Alkohol kann mitentscheidend über den Erfolg bei Frauen sein. Überkorrekte Spießertypen haben es ebenso schwer wie lallende Hobbyalkoholiker. Sie sollten in keine dieser Kategorien passen.

Achten Sie nicht nur auf die konsumierte Alkoholmenge, sondern auch auf eine ausreichende Wasserzufuhr. Mit genug antialkoholischen Getränken an einem feucht-fröhlichen Abend wird die Handlungsfähigkeit weniger stark eingeschränkt und der Tag danach deutlich erträglicher.

Einen Kater können Sie auch dadurch verhindern, dass Sie nicht wie von Sinnen durcheinander trinken. Je weniger verschiedene Arten Alkohol an einem Abend konsumiert werden, desto weniger Kopfschmerzen sind zu erwarten. Wenn mit Bier begonnen wird, sollten Sie diesem die ganze Nacht die Treue halten. Gleiches gilt für Wein. Zwischen Rot- und Weißwein sollte man nicht ständig abwechseln. Je teurer ein Wein ist, desto weniger unangenehme Konsequenzen wird er nach sich ziehen. Bei Schnäpsen sind klare Tropfen vorzuziehen, weil die meist weniger Beimischungen enthalten.

Meiner Wahlheimat Frankfurt am Main habe ich die Liebe zum Apfelwein zu verdanken. Hessischer Apfelwein ist bekömmlich und lecker, macht mit einem Alkoholgehalt von etwas über fünf

Prozent ausreichend lustig und verursacht kaum Kater. Außerdem hat er wenige Kalorien. Höchst empfehlenswert!

Wenn die Party vorbei ist, sollten Sie bereits vor der Nachtruhe Acetylsalicylsäure, kurz ASS, mit viel Wasser einnehmen. Magnesium in Tablettenform und Zink mit Vitamin C sind ebenfalls nützlich. Trinken Sie außerdem vor dem Schlafengehen ausreichend Wasser.

Frauentypen

Vielleicht erinnern Sie sich noch an den kleinen Exkurs: Wie beurteilt ein Mann den „weiblichen Wert"? Gestatten Sie mir eine kurze Wiederholung.

Während Frauen bei einem Mann vor allem den Überlebenswert im Sinn haben, zählt für Männer eher der Fortpflanzungswert einer Frau. Vereinfacht gesagt, fliegen Frauen auf hohen sozialen Status und eine interessante Persönlichkeit, Männer hingegen auf schöne Haare und gesunde Haut.

Warum dieser männliche Hang zu Oberflächlichkeiten und visuellen Reizen?

Die Herren der Schöpfung sind evolutionsbiologisch gesehen aus einem einzigen Grund auf der Suche nach einer Frau: um sich fortzupflanzen. Zu diesem Zweck suchen sie nach möglichst schönen Frauen, denn diese signalisieren Gesundheit und gute Gene. Aus einer Beziehung mit einer solchen Frau würden mit hoher Wahrscheinlichkeit wohlgeratene Kinder entstehen. Deshalb sind weibliche Äußerlichkeiten und körperliche Attraktivität für Männer so wichtig. Selbst wenn ein Mann rational keine eigenen Kinder haben möchte, setzt er bei Frauen unbewusst diese Maßstäbe an und versucht, eine möglichst attraktive Partnerin als Mutter seiner Kinder zu gewinnen. Das wurde uns so in die Wiege gelegt – aus guten Gründen.

Damit nun nicht alle Männer der Welt hinter einigen wenigen super-attraktiven Damen herlaufen, hat Mutter Natur verschiedene Typen von Frauen eingerichtet: bestimmte Kombinationen unterschiedlicher Merkmale. Dazu passend gibt es bei Männern vielfältigste Frauengeschmäcker. Schließlich gibt es Frauen in verschiedensten Farben, Größen und Formen und dazu passend gibt es Vorlieben von Männern, die unterschiedlicher nicht sein könnten. So wie es hellhäutige und dunkle, schwarzhaarige und blonde Frauen mit oder ohne Sommersprossen gibt, so finden sich überall Männer, die entsprechende Vorlieben haben. Gleiches gilt für große und kleine, asiatische und europäische sowie dünne und üppige Frauen. Alle Männer stehen auf ebenmäßige, schöne Haut, aber welche Farbe der Haut am schönsten ist, liegt alleine im Auge jedes einzelnen Betrachters. Attraktivität ist eben wirklich Geschmackssache!

Natürlich gibt es Typen von Frauen, die statistisch gesehen in bestimmten Kulturkreisen vielleicht etwas begehrter sind als andere. Dies ändert aber nichts an der Tatsache, dass geschmacklich auf so gut wie jeden Topf ein Deckel passt.

Der Typ einer Frau lässt sich fernab von Haar- oder Augenfarben auch dadurch einordnen, ob sie eher klassisch schön ist, zum mädchenhaft Süßen tendiert oder Richtung sexy geht. Schön – süß – sexy sind drei Kriterien, mit denen sich jede Frau einordnen lässt. Achten Sie mal darauf, wenn Sie an einem Sommertag durch die Stadt flanieren: Jede Frau hat eine bestimmte Punktzahl bei diesen drei Merkmalen. Wie viele das sind? Die Punkte vergeben nur Sie!

Augen können zum Beispiel schön und/oder sexy sein. Oder weder noch. Nasen von Frauen können schön und/oder süß sein oder eben nichts davon. Und Münder können sexy und/oder schön sein. Vermischt mit vielen anderen körperlichen Merkmalen unterhalb und oberhalb der Gürtellinie, deren Beschreibung hier zu umfangreich wäre, ergibt sich ein klassisch schöner Typ, ein süßer Typ und der sexy Typ. Mit Sicherheit favorisieren Sie eine dieser drei Schubladen oder eine bestimmte Mischform. Worauf stehen Sie?

Jeder Mann hat einen bestimmten Typ Frau, den er am attraktivsten findet. An dem er irgendwie nicht vorbei kommt, obwohl er auch andere Typen von Frauen durchaus reizvoll finden kann.

Ich empfehle, sich über diesen eigenen Lieblingstyp klar zu werden. Worauf fahren Sie ab? Was ist Ihr Typ?

Zu wissen, worauf man steht, hat viele Vorteile. Wenn Sie genau wissen, was Sie wollen, wissen Sie auch, was Sie nicht wollen. Das spart Ihnen viel Zeit und Ärger mit Frauen, die Ihnen nicht wirklich zusagen. Werden Sie sich klar über Ihr ureigenes Beuteschema und kümmern Sie sich fortan vor allem um Frauen, die diesem zumindest grob entsprechen. Ungefähr so wie Boris Becker! Besonders wenn es nicht nur um ein schnelles Abenteuer, sondern um bedeutendere Dinge geht, sollten Sie sich besonders um Ihren Typ kümmern. Nur er kann Sie dauerhaft wirklich glücklich machen. Ich rate von Beziehungen mit Frauen, die nicht dem eigenen Typ entsprechen, ab. So oft ich es versucht habe – es hat selten lange funktioniert. Früher oder später dreht man sich auf der Straße nach diesem einen Typ um. Irgendwann sogar in Begleitung der Freundin – was für alle Beteiligten keine schöne Situation ist.

Die Optik einer Frau ist für Männer ausgesprochen wichtig, keine Frage. Ähnlich wichtig wie optische Reize sollte Ihnen bei einer potenziellen Partnerin aber sein, dass sie ein hohes Selbstwertgefühl hat. Versuchen Sie möglichst früh zu erkennen, ob eine neue Bekanntschaft sich selbst mag. Die Bedeutsamkeit des weiblichen Selbstbewusstseins für eine erfolgreiche Partnerschaft kann ich nicht genug betonen und erwähne es deshalb an mehreren Stellen dieses Buches. Nur Frauen, die mit sich selbst im Großen und Ganzen im Reinen sind, können Partnerinnen sein, wie ein Mann sie sich wünscht. Aussehen ist nicht alles. Suchen Sie deshalb nach einer attraktiven und selbstbewussten, zufriedenen Partnerin.

Nur wer sich selbst liebt, ist fähig, echte Liebe zu geben. Das gilt übrigens auch für Sie. Falls Sie damit Probleme haben, fangen Sie an, sich selbst zu akzeptieren. Mit all Ihren Stärken und Schwächen. Das ist eine Voraussetzung für langfristigen Erfolg bei Frauen.

Bauchgefühl

Routinen, Strategien und bestimmte Techniken können im Umgang mit Frauen sehr nützlich sein. Gerade für Männer, die noch nicht allzu viel Erfahrung mit dem anderen Geschlecht haben.

Geht Ihnen während der Unterhaltung häufig der Gesprächs-stoff aus, können Sie sich im Vorfeld Geschichten zurechtlegen. Fürchten Sie Langeweile bei Ihren Dates, kann Ihnen die im Kapitel zur Anziehung beschriebene, ÜW genannte, überheb-lich-witzige Kommunikationsstrategie helfen, um mehr Span-nung zu erzeugen. Aber: Menschen sind unterschiedlich. Frauen ebenso wie Männer. Nicht alle Strategien und Techniken funk-tionieren bei jedem Menschen gleich – todsichere Tricks gibt es nicht. Und das ist auch gut so!

Deshalb ist die Entwicklung von Bauchgefühl und Intuition beim Thema Frauen ausgesprochen wichtig. Sie sollten mit der Zeit einen Sinn dafür entwickeln, was richtig und was falsch im Umgang mit dem anderen Geschlecht ist. Intuitiv wissen, was zu sagen ist und wie man sich verhalten sollte, statt nach Theo-rien oder auswendig gelernten Mustern zu agieren.

So wie Kasparow, Karpow und Fischer beim Schach. Sämtliche Großmeister spielen eher intuitiv und nicht mit im Vorfeld lange vorbereiteten Strategien. Sie lassen es einfach fließen. Bis zu dem Niveau ist es zugegebenermaßen ein weiter Weg voller positiver und negativer Erfahrungen. Ein Weg, der mit einem einzigen Schritt beginnt und in die Betten und Herzen attraktiver Frauen führt.

Loslassen

Dieses Buch wird bei Ihnen nur dann etwas zum Positiven verändern, wenn Sie zu Veränderungen bereit sind. Um Veränderungen herbeizuführen, muss man loslassen können. Loslassen ist deshalb eine der wichtigsten Grundlagen von Selbstverbesserung und Erfolg, nicht nur, was Frauen angeht!

Wer Übergewicht oder Zigarettenkonsum reduzieren will, muss den ausschließlich auf Genuss ausgerichteten Lifestyle loslassen. Wer süchtig nach Computerspielen ist und deshalb kein soziales Leben abseits von Bits und Bytes führt, muss sein Hobby loslassen. Wer in einer Beziehung oder in einem Job dauerhaft unglücklich ist, muss loslassen.

> *„Und jedem Anfang wohnt ein Zauber inne."*   Hermann Hesse

Loslassen ist der erste Schritt zur Veränderung. Leider fallen uns Neuanfänge und Veränderungen ausgesprochen schwer. Menschen sind Gewohnheitstiere. Der Sprung ins kalte Wasser wird meist erst dann gewagt, wenn wir uns dazu gezwungen sehen.

Dabei sollten wir alle bestrebt sein, Loslassen zu lernen. Es handelt sich um eine der Fähigkeiten, die Erwachsene von Kindern unterscheidet. Leider vollziehen viele Menschen diesen Entwicklungsschritt nicht, bleiben in diesem Punkt ewig Kind und dadurch zeitlebens unfähig für selbst herbeigeführte, tief greifende Veränderungen.

Fast jeder von uns kennt dieses beklemmende Gefühl von Abschied und Neubeginn. Dieses Klammern an Bewährtes wider besseres Wissen. Diese seit frühester Kindheit in uns verankerte Scheu vor Risiko. Der Wunsch nach Sicherheit. Wie ein Baby, das reflexartig nach der Hand der Mutter greift, greifen wir immer wieder auf unsere Gewohnheiten zurück. Auch wenn sie uns nicht weiterbringen oder sogar schaden.

Schuld daran ist zum Teil unser Hirn. Es belohnt uns, wenn wir auf gewohnten Pfaden bleiben, und meckert, wenn wir sie verlassen. Zu anstrengend findet es solche Ausflüge.

Viele Menschen ändern ihr Leben erst, wenn der Leidensdruck unerträglich geworden ist. Häufig ist es dann bereits zu spät, um noch galant die Kurve zu kriegen. Das Übergewicht ist dann bereits zu weit fortgeschritten, die sozialen Fähigkeiten sind vollständig verkümmert, die einstige Liebesbeziehung ist nicht mehr zu retten.

||| ♂: „Die Beziehung mit meiner Freundin ist langweilig geworden. Woran merke ich, dass ich Schluss machen sollte?" (J., 24)

Eine Beziehung zu beenden ist eine schwierige Entscheidung, die ernste Konsequenzen nach sich zieht. Stehen derartig komplizierte Entschlüsse an, haben sich Pro-und-Kontra-Listen bewährt. Nimm ein DIN-A4-Blatt, lege es quer und schreibe links positive und rechts negative Argumente auf: links die Gründe, um die Beziehung weiter zu führen, rechts die für eine Trennung.

Falls der Hauptgrund zum Festhalten an der Beziehung die Angst vor dem Alleinsein oder anderen negativen Konsequenzen ist, spricht viel für das Schlussmachen. Wenn die Argumente der linken Seite – zum Beispiel das Vorhandensein starker Gefühle – schwerer wiegen, solltest Du um Deine Beziehung kämpfen. Solltest Du Dich für Letzteres entscheiden: Das Kapitel „Anziehung" liefert Rezepte gegen Langeweile in einer Beziehung.

Handeln Sie, bevor Sie irgendwann zu bestimmten Handlungen gezwungen sind. Lassen Sie es erst gar nicht so weit kommen. Entscheiden Sie sich für eine günstige Alternative, solange diese Möglichkeit besteht. Zögern führt meistens zu nichts und Feiglinge verlieren zwar selten, gewinnen aber auch nie.

„Das Leben verlangt mutige Entscheidungen.
Wer zu spät kommt, den bestraft das Leben."
Michail Gorbatschow

Heute beginnt der Rest Ihres Lebens. Ändern Sie Ihr Leben und Ihre Gewohnheiten so früh als möglich, wenn Sie Handlungsbedarf sehen. Die Mühe sollte es Ihnen wert sein. Seien Sie Ihr eigener Herr und bestimmen Sie, wohin die Reise geht. Lassen Sie sich nicht einfach nur treiben, agieren Sie lieber, statt zu reagieren!
Veränderungen müssen übrigens nicht immer groß sein. Auch kleine Veränderungen können eine große Wirkung haben: ein Perspektivenwechsel oder die Änderung von Prioritäten, eine neue Vision, neue Ziele oder eine neue Bewertung alter Ziele. Gehen Sie es an!

Traumfrauen und andere Illusionen

Dieser Abschnitt soll mit einigen Mythen aufräumen, die sich leider hartnäckig in der Männerwelt halten.

Beginnen wir mit der sogenannten Traumfrau. Perfekt und makellos. So leid es mir tut, Traumfrauen gibt es nicht. Deshalb sind und bleiben sie – wie der Name schon sagt – Träume. Menschen haben Fehler – und das ist auch gut so. Spätestens, wenn man sie näher kennenlernt, wird man auf diese Fehler stoßen. Schon deshalb sollte man niemanden auf ein Podest stellen und vergöttern. Falls jemand bei seinem Traumpartner aus Fleisch und Blut keine Fehler findet, hat er ihn bisher nicht richtig kennengelernt.

Es gibt also keine Traumfrauen. Ebenso unrealistisch ist die „Frau fürs Leben". „Für immer" stellt sich meistens als „dann doch zu lang" heraus. Solche Wünsche enden oft mit bitteren Enttäuschungen. Wir werden heutzutage einfach zu alt, als dass man erwarten könnte, sein Leben mit einer Partnerin zu verbringen. Zum Trost: Zumindest zeitweilig gibt es sehr wohl optimale Partnerinnen. Und wie lange „zeitweilig" dann wirklich ist, hängt davon ab, was man draus macht: Wochen, Monate oder Jahre.

Ich habe Mittvierziger gesehen, die nach einigen gescheiterten Ehen und mit leichtem Bauchansatz nun auf der Suche nach der Frau fürs Leben waren. Möglichst gebildet sollte sie sein, möglichst blond und möglichst Anfang 20. Tja, leider läuft das so nicht. Sich und seinen Marktwert vernünftig einschätzen zu können, ist eine wichtige Fähigkeit. Zu hohe Ansprüche sind schädliche Illusionen und machen nachhaltigen Dating-Erfolg unmöglich.

Ebenfalls häufig zu beobachten sind meist jüngere Männer mit wenig Erfahrung, aber umso höheren Wünschen, was das Äußere der Frau angeht. Generell gilt: Je weniger Know-how ein Mann hat, desto weniger hoch sollten seine Ansprüche sein. Männer mit geringer Praxis tun gut daran, weniger wählerisch zu sein. Oberste Priorität müsste das Nachholen von Erlebnissen haben, die Geschlechtsgenossen schon während der Pubertät hatten. Übung macht den Meister! Erst mit fortschreitender Expertise dürfen die Ansprüche wachsen.

Die Suche nach Liebe und „wahrer Liebe" ist ein weiterer Irrweg, von dem ich an dieser Stelle gerne wegführen würde. Ich empfehle eher größte Gelassenheit bei diesem Thema. Aktiv nach Liebe zu suchen führt in den seltensten Fällen zum gewünschten Erfolg. Liebe passiert einfach, sie beruht häufig auf Zufällen und lässt sich ungern erzwingen – so ähnlich wie Kreativität. Sie findet einen stets dann, wenn man es am wenigsten erwartet. Sicherzustellen, dass man von ihr gefunden werden kann, ist die einzige Maßnahme, die man aktiv ergreifen sollte. Konkret heißt das vor allem, vor die Türe zu gehen und fremde Menschen entspannt kennenzulernen. In den eigenen vier Wänden begegnet man selten der großen Liebe!

Langfristige Beziehungen am Leben erhalten

„When routine bites hard
And ambitions are low
And resentment rides high
But emotions won't grow
And we're changing our ways
Taking different roads
Love, love will tear us apart again"

Joy Division, „Love Will Tear Us Apart"

Bevor dieser Abschnitt Rezepte liefert, um langfristige Beziehungen zu sichern, sollten wir erneut klären, was eine Beziehung ist. Beziehungen sind nichts anderes als Aneinanderreihungen von Verführungen zwischen Menschen, meistens zwischen zweien. Ja, ohne Sex keine Beziehung, sondern Freundschaft oder Ähnliches!

Beziehungen können auf verschiedene Weise beginnen. Manche starten im Verborgenen, beispielsweise wenn einer oder gar beide Beteiligten noch anderweitig gebunden sind. Andere entwickeln sich zwischen Singles, also moralisch vollkommen legitim. Möglicherweise schaffen es Beziehungen, die sich im Verbotenen entwickeln, manchmal länger, erotische Spannung aufrechtzuerhalten. Ausnahmen bestätigen dabei aber wie immer die Regel.

Beziehungen können ferner danach unterschieden werden, was die Beteiligten verbindet. Ist es nur Sex, spricht man von einer „Fickbeziehung" oder – etwas netter – von „Freundschaft plus". Solche Verbindungen gehen selten lange gut. Häufig verliert einer der beiden nach einiger Zeit das Interesse und macht Schluss. Oder einer von beiden entwickelt zu viel Gefühl für den Anderen. Dann gibt es nur zwei Möglichkeiten: Umwandlung der Fick- in eine Liebesbeziehung oder Schluss.

||| ♂: „Ich habe eine Freundschaft plus mit jemandem, in den ich mich nun verliebt habe. Was soll ich tun?" (K., 21)

Auf keinen Fall solltest Du ihr nun Deine Liebe gestehen. Damit würdest Du Dich wahrscheinlich nur der Gefahr aussetzen, sie auf einen Schlag zu verlieren.

Ich rate Dir, ruhig zu bleiben und weiter die körperliche Beziehung mit ihr zu genießen. Achte auf ihre Signale, geht es ihr vielleicht sogar ähnlich wie Dir? Vielleicht empfindet auch sie mehr für Dich?

Je länger die körperliche Beziehung dauert, desto besser. Die Zeit spielt Dir in die Karten. Die Wahrscheinlichkeit wächst, dass auch sie Gefühle für Dich entwickelt. Meiner Erfahrung nach sind es meist eher die weiblichen Beteiligten, die in einer Freundschaft plus Gefühle entwickeln.

Die Werkzeuge des Verführers zur Erzeugung von Anziehung und Wert nützen auch in Deiner Situation. Verschaffe ihr mit gekonnter 101-Strategie (siehe Kapitel „Erzeugung von kurzfristiger Anziehung") emotionale Achterbahnfahrten und steigere Deinen

▶

Wert, wie weiter oben beschrieben. Ordne Dich mit Ihren Augen im Wert-Anziehungs-Modell ein und mach Dir klar, woran Du arbeiten musst.

Ach ja: Habe mit ihr weiterhin den besten Sex, zu dem Ihr beide imstande seid. Das ist fast schon die halbe Miete!

Wie der Name schon sagt, werden Liebesbeziehungen geführt, weil die Beteiligten im Idealfall mehr verbindet als Sex. Ob das immer der Fall ist, sei dahingestellt: Eine echte Liebesbeziehung bleibt manchmal ein Wunschtraum.

Liebesbeziehungen können Fernbeziehungen sein, sollten es aber nicht. Eine Fernbeziehung, vor allem die monogame Variante, ist gelebter Masochismus und sollte möglichst vermieden werden. Offene Fernbeziehungen können eher funktionieren, womit wir beim nächsten Thema wären: körperliche Treue – ja oder nein?

Im Folgenden möchte ich kurz die Vor- und Nachteile von offenen und monogamen Beziehungen näher beleuchten.

Der größte Nachteil an offenen Beziehungen ist die Tatsache, dass man seinen Partner körperlich mit anderen teilen muss. Eifersucht und andere negative Gefühle sind häufig die Folge. Sofern Eifersucht – die meist auf Angst vor dem Vergleich beruht – kein größeres Problem darstellt, bietet eine nicht-monogame Beziehung allerdings eine hohe Lebensqualität.

Offene Beziehungen haben den Vorteil, dass Zeit freiwillig miteinander verbracht wird. In einer herkömmlichen monogamen Beziehung herrscht viel größerer Druck, freie Zeit gemeinsam zu verbringen – mit wem auch sonst?

Für viele Menschen scheint die offene Art der festen Beziehung sogar die einzige Möglichkeit zu sein, sexuelle Spannung lange aufrechtzuerhalten. Moderate Eifersucht kann zu diesem Zweck effektiv in Begierde umgewandelt werden. Allerdings sind dafür Spaß am Wettbewerb und ein hohes Selbstvertrauen wichtige Voraussetzungen. Sind diese erfüllt, können offene Verbindungen ein Höchstmaß an Ehrlichkeit bringen und die Möglichkeit, sich sexuell ausleben zu können. Geheimnisse werden eher anvertraut als in monogamen Beziehungen, sexuelle Wünsche häufiger geäußert. Meist lernt man sich sogar näher und intensiver kennen, während viele monogame Pärchen sich in vielen Bereichen kaum zu kennen scheinen.

Von den insgesamt mehr als 15 Jahren in Beziehungen, die ich hinter mir habe, verliefen die meisten monogam. Natürlich hat auch diese Form entscheidende Vorteile, allen voran, dass man seinen Partner nicht mit anderen körperlich teilen muss. Die Kehrseite der Medaille ist allerdings mögliche Langeweile und ein langsames Einschlafen der Angelegenheit. Oder sexuelle Eskapaden hinter dem Rücken des Partners. Häufig kommen ungesunde Formen der Eifersucht auf. Mit der Monogamie sollte man es deshalb nicht übertreiben und Regeln nicht zu fest zurren. Wir sind schließlich alle nur Menschen!

Mit männlicher Konkurrenz sollte äußerst gelassen umgegangen werden. Moderate Eifersucht darf zwar durchaus vorhanden sein, sollte der Partnerin aber nicht übermäßig deutlich gezeigt werden. Bleiben Sie stets souverän und lassen Sie die Leine lang – man wird es Ihnen danken. Echte Liebe kann loslassen, eine Beziehung braucht Freiheit.

In einer Bar weicht ein hübscher Jüngling mit 42er Oberarmen und wallendem Haupthaar plötzlich nicht mehr von der Seite der attraktivsten Frau in der Bar. Ich mache dem neuen Gesprächspartner meiner Freundin Komplimente, er hält mich für schwul. Ich blickficke fortan mit einer netten Brünetten von gegenüber und unterhalte mich. Hin und wieder wechsle ich mit meiner Freundin einige Worte, während mich der Jüngling weiter für einen homosexuellen guten Freund hält.

Als sich der Abend langsam dem Ende nähert, macht der attraktive Jüngling mit der Robin-Hood-Frisur meinem Mädchen Angebote zur weiteren gemeinsamen Freizeitgestaltung. Als sie ihm sagt, mit wem sie nach Hause geht, versteht er erst nicht — dann purzelt sein Weltbild sichtbar in sich zusammen: Ich hatte ihn so lange mit meiner Freundin reden lassen, ohne mich darum zu scheren … und scheine nicht mal schwul zu sein?! Ja, genau. Weil er keine Bedrohung ist, deshalb. Kurze Zeit später feierten die schönste Frau der Bar und ich unter vier Augen weiter …

Einer Beziehung tut eine regelmäßige Dosis Freiheit gemischt mit etwas Adrenalin sehr gut: Mit anderen Menschen sprechen und gelegentlich die Wirkung der eigenen Attraktivität und die des Partners testen, kann für eine lange glückliche Beziehung sehr nützlich sein.

Eine feste und langfristig angelegte Bindung — egal ob offen oder monogam — ist leicht einzugehen, aber schwer am Leben zu erhalten. Wenn nach einigen Monaten oder spätestens Jahren die Verliebtheit schwindet, müssen andere Anreize da sein, damit beide Partner die Beziehung aufrechterhalten.

Einer dieser Anreize ist ausreichend vorhandene Anziehung zwischen Mann und Frau. Die überheblich-witzige Art, die im Kapitel „Erzeugung von Anziehung" beschrieben wird, tut gerade auch in langen Beziehungen gute Dienste. Am besten ergänzt durch gesundes, also nicht übertriebenes Verhalten gemäß der 101-Strategie. Ich empfehle, es der Katze in der Partnerin nie zu einfach zu machen: Stets die Spannung aufrechterhalten und nie zu leicht auszurechnen sein. Anziehung ist immer ein Grundpfeiler von erfolgreichen festen Bindungen!

||| **Der männliche Testosteronspiegel in der Beziehung**

Männer tun gut daran, während einer festen, langen und vielleicht sogar monogamen Beziehung auf ihren Testosteronspiegel zu achten. So seltsam es klingt, dieser sinkt, wenn die Phase der ersten Verliebtheit vorbei ist und die Beziehung sich auf festem Niveau einpendelt. Je fester das ist, desto mehr sinkt er. Insbesondere wenn man zusammenwohnt.

Die Natur hat dies so eingerichtet, um Männer an ihr Zuhause zu binden. Um die Familie sollen sie sich kümmern, statt um die Häuser ziehen. Sie werden ruhiger und das Interesse anderer Frauen an diesen Männern wird bei sinkendem Testosteronspiegel ebenfalls geringer: Frauen haben ein Gespür für Testosteron. Und je enger die Beziehung ist, desto stärker ist dieser Effekt. Insbesondere wenn sich Männer um die Kinder kümmern.

Wie bereits an mehreren Stellen dieses Buches erwähnt wurde, ist der Testosteronspiegel leider alles andere als unwichtig. Von Muskeln bis Manneskraft hängt vieles von ihm ab. Ein sinkender Testosterongehalt im Blut führt außerdem leicht zu Übergewicht. Deshalb sollte man ihm zuliebe einige Dinge niemals vernachlässigen.

▶

Ich empfehle Sport, regelmäßiges Krafttraining, ausreichend Schlaf, hin und wieder mit den Jungs um die Häuser zu ziehen, mit anderen Frauen zu flirten und eiweißreiche Ernährung mit ausreichend Zink.

Kurzum: auch in einer festen Bindung ein Mann zu bleiben.

Ach ja: Nach einer Trennung steigt der Spiegel des Männlichkeitshormons übrigens wieder …

Wie gesagt, sind Beziehungen nichts anderes als Aneinanderreihungen von Verführungen, sprich sexuellen Akten. Sex ist also deren elementarer Baustein. Es sollte daher viel Energie darauf verwendet werden, Sex spannend zu halten: immer wieder Neues ausprobieren, darüber reden und vielleicht sogar Eifersucht − sofern vorhanden − effizient nutzen, um sich anzuheizen. Eifersucht kann eine aphrodisierende Wirkung haben, empfundene Konkurrenz kann sich in sexuelle Energie umwandeln und das Sexleben bereichern. Eine Grundvoraussetzung für ein langfristig funktionierendes Sexleben ist übrigens ein Mindestmaß an körperlicher Fitness. Dem gemeinsamen körperlichen Vergnügen zuliebe sollten beide Partner deshalb nie ihren Körper vernachlässigen!

Erfolgreich miteinander zu kommunizieren ist das nächste Puzzleteil einer glücklichen Beziehung. Die Wahrheit hoch, aber nicht zu hoch hängen, dem Partner zuhören, ihn aussprechen lassen und auf ihn eingehen − besonders auf dessen sexuelle Wünsche.

||| ♂: „**Meine Freundin ist häufig zickig und macht Drama.**
Wie soll ich damit umgehen?" (T., 35)

Viele Frauen machen Drama, Deine Freundin ist da nicht die Einzige.

Viele Coaches und Berater aus dem Dating-Bereich raten dazu, Frauen nicht ernst zu nehmen, wenn Drama angesagt ist. Drama sei ausschließlich überschüssige sexuelle Energie: Man solle sie abwechselnd aufziehen und ignorieren, Öl ins Feuer gießen und die entstehende sexuelle Spannung durch Geschlechtsverkehr abbauen. Damit sei beiden am meisten geholfen.

Keine Frage, funktionieren kann das schon. Für einige Frauen sicherlich genau die richtige Reaktion, verbunden mit fantastischem Sex zum Abbau der enormen Anziehung, die dadurch entsteht. In vielen Fällen ist dieses Verhalten allerdings nicht zu empfehlen!

Ich würde Dir eher raten, je nach Situation zu entscheiden und nicht blind Öl ins Feuer zu gießen. Teste verschiedene Strategien und probiere aus, womit Du bei Deiner Freundin am besten fährst. Schließlich ist keine Frau wie die andere!

Außerdem sprechen wir hier von Deiner Freundin und nicht von einer unbedeutenden Affäre. Mit Frauen, die einem wirklich wichtig sind, kann und darf man nicht immer so umspringen. Sie etwas anzustacheln kann im Einzelfall auch bei Deiner Freundin richtig sein, Du solltest es Dir aber gut überlegen. Die Situation kann enormen Stress für sie bedeuten, unter Umständen auch für Dich. Die Spannung kann so groß werden, dass bis hin zum Nervenzusammenbruch alles möglich ist. Außerdem gilt generell:

▶

Je mehr eine Beziehung Dir bedeutet, desto mehr Arbeit solltest Du in sie investieren. Ernste Gespräche sind eine Form von Arbeit. Folglich solltest Du bei der Frau, die Dir wichtig ist, auch mal ernste Gespräche und Diskussionen zulassen. Das kann wirklich helfen!

Zumal meiner Meinung nach in vielen Situationen unklar ist, ob es sich bei diesem weiblichen Verhalten tatsächlich um völlig unbegründetes Drama handelt. Ist es wirklich immer nur Drama? Oder stecken ganz andere Dinge dahinter, die vielleicht durch ein klärendes Gespräch ausgeräumt werden könnten?

Sollte das alles nichts helfen und Deine Freundin eine chronische, unerträgliche Dramaqueen sein, dürfte es irgendwann Zeit werden, sich umzuorientieren. Frauen mit hohem Selbstvertrauen, die mit sich und der Welt zufrieden sind, machen äußerst selten Drama. Eine Beziehung mit dieser Art Frau ist wärmstens zu empfehlen.

Ein weiterer Erfolgsfaktor langer Beziehungen ist, das richtige Maß hinsichtlich Nähe und Distanz zu finden. Im Rückblick auf meine Erfahrung in festen Beziehungen war das für mich lange Zeit sehr schwierig. Ich brauchte lange, um ein für mich günstiges Verhältnis zu finden. Ich denke, jeder muss für sich selbst lernen, wie viel Nähe und wie viel Distanz in seinen Beziehungen funktioniert. Räumen Sie sich und Ihrer Partnerin genug Freiheit ein. Weitere Patentrezepte kann und will ich hier nicht geben.

Als Paar einen gemeinsamen Humor zu haben, schafft eine starke Form von Wirgefühl. Insiderwitze definieren In- und Outgroup und stärken die innere Verbindung zwischen Mann und Frau. Humor ist deshalb ein wichtiger Faktor einer funktionierenden Beziehung, gemeinsam lachen zu können geradezu unabdingbar. Schließlich wollen Frauen Männer, mit denen sie Spaß haben.

Gemeinsame Interessen sind ebenso hilfreich. Sport zum Beispiel, um sich für gemeinsames fleischliches Vergnügen fit zu halten. Oder jede andere Art von Freizeitgestaltung, die beiden Spaß macht.

Neben Anziehung, gutem Sex, funktionierender Kommunikation, einem vernünftigen Verhältnis von Nähe und Distanz, Humor und Gemeinsamkeiten ist vor allem eins nötig, um Beziehungen langfristig am Leben zu erhalten: Arbeit. Beide Partner müssen jede Menge Arbeit investieren, damit die Verbindung über Jahre funktioniert. Arbeit in Form von Worten, Kompromissen und Zeit.

Ach ja: Wie manche behaupten, muss Verliebtheit langfristig durch etwas ganz Bestimmtes abgelöst werden: Liebe. Vielleicht stimmt das ja.

Register